四特 教育系列丛书 SITE JIAOYUXILIE CONGSHU

U0635298

培养教师爱岗敬业精神

《"四特"教育系列丛书》编委会　编著

吉林出版集团股份有限公司
全国百佳图书出版单位

图书在版编目（CIP）数据

培养教师爱岗敬业精神／《"四特"教育系列丛书》编委会编著．—长春：吉林出版集团股份有限公司，2012.4
（"四特"教育系列丛书／庄文中等主编．教师全方位修炼）

ISBN 978-7-5463-8761-1

Ⅰ.①培… Ⅱ.①四… Ⅲ.①中小学－师德
Ⅳ.① G635.16

中国版本图书馆 CIP 数据核字（2012）第 045981 号

培养教师爱岗敬业精神
PEIYANG JIAOSHI AIGANG JINGYE JINGSHEN

出 版 人	吴　强	
责任编辑	朱子玉　杨　帆	
开　　本	690mm×960mm　1/16	
字　　数	250 千字	
印　　张	13	
版　　次	2012 年 4 月第 1 版	
印　　次	2023 年 2 月第 3 次印刷	

出　　版	吉林出版集团股份有限公司
发　　行	吉林音像出版社有限责任公司
地　　址	长春市南关区福祉大路 5788 号
电　　话	0431-81629667
印　　刷	三河市燕春印务有限公司

ISBN 978-7-5463-8761-1　　　　定价：39.80 元

版权所有　侵权必究

前　言

　　学校教育是个人一生中所受教育最重要的组成部分，个人在学校里接受计划性的指导，系统地学习文化知识、社会规范、道德准则和价值观念。学校教育从某种意义上讲，决定着个人社会化的水平和性质，是个体社会化的重要基地。知识经济时代要求社会尊师重教，学校教育越来越受重视，在社会中起到举足轻重的作用。

　　"四特教育系列丛书"以"特定对象、特别对待、特殊方法、特例分析"为宗旨，立足学校教育与管理，理论结合实践，集多位教育界专家、学者，以及一线校长、教师的教育成果与经验于一体，围绕困扰学校、领导、教师、学生的教育难题，集思广益，多方借鉴，力求全面彻底解决。

　　本辑为"四特教育系列丛书"之《教师全方位修炼》。

　　教师的职业是"传道受业解惑"，教师的职责是把教学当成自己的终身事业，用"爱"塔起教育的基石，用自己的学识及人格魅力点燃学生的兴趣，促进学生的健康、快乐成长。

　　俗话说："教师不能半桶水。"学生专业知识水平很大程度上受教师知识水平的制约，如果教师在教学中对教材分析不透，对知识重点把握不准，对要点讲解不清，那么学生听过他的课就会产生一种模糊的收获不大的感觉。因此，教师必须知识广博，语言丰富，学生才能学到真正的知识。本书从新世纪、新时代经济和社会发展的要求出发，将理论与实践相结合，对新世纪教师素质及其修养的一系列问题，做了比较全面、系统、深入的阐述。应当说，这是一项十分有意义的工作。

　　本辑共 20 分册，具体内容如下：

　　1.《师魂》

　　教师被人们称为"人类灵魂的工程师"，担负着传授知识、传承文明、培养人才、提高全民素质的光荣任务。教师的最高境界需要"忙人之所闲，闲人之所忙"，从有到无，从无到有；从看教育是教育，到看教育不是教育，再到看教育还是教育，这就是对教育的最大贡献，让人的精神生活世界有生机、有活力、有智慧。

　　2.《以礼服人》

　　作为教师，我们要正确领会礼仪、礼貌、礼节、仪式和教师礼仪的概念，领会礼仪的地位和作用，掌握教师礼仪的原则、方法，坚持科学发展观，为构建社会主义和谐校园而奋斗。教师的举手投足，甚至一颦一笑，都蕴含着教育的力量。本书从教师的个人形象、教师的服饰、教师的语言、师生关系礼仪、教师与家长沟通礼仪、同事共处礼仪、集会礼仪和社会交往礼仪等方面，系统阐述了教师礼仪的一些基本常识。

3.《教师的一生修炼》

本书将重点探讨以下诸方面的理论与实务：职业规划——自我实现的教育生涯、如何设计职业生涯、职业发展规划行动、教师入职与离职规划、新教师角色适应规划、教师专业发展规划、校长成长规则、职场诊断与修炼、潜能开发及享受学习化教育生活等。

4.《育人先做人》

教师是学生智慧的启蒙者,学生未来的引领者。教师的质量决定了教育的质量。教师的品质决定了教育的品位。教师人格的完善能够提升教育的水准。教育职业对教师人格提出了严格的要求：在教师自身的人格教育中不断提升自我、完善人格。人格教育是一生的工作,提升自我、完善人生会伴随一个人一生的历程。

5.《教育语言随心用》

本书内容涵盖了教学语言艺术和教育语言艺术训练的方方面面。从宏观综论到微观剖析,从课堂艺术到辅导艺术,从艺术对话到精彩演讲,从个性张扬到群体发展,从全体教育到特殊教育,质朴无华,内容充实,观点鲜明,为教师深入研究和准确使用教学语言和教育语言提供了可以借鉴的经验。

6.《师者无敌》

本书编写的基本理念是：从内容构架而言,以促进教师对自身职业的理解为基础,以增进教师职业人生的完善为基本目标,以启发、引导的方式来促进教师德性的自主形成；从编写形式而言,力求摆脱单一的理论说教,从当代教师职业生活实际出发,抓住主要问题,采取生动、灵活的语体形式,把精要的论述与典型的事例结合起来,注重该书的可读性。

7.《教师的信仰》

职业精神是教师不可缺失的最本质的东西。一个教师能不能成为好教师、名教师,关键是有没有职业道德、有没有职业精神。今天的教育,缺的不是楼房,而是文化与技术；缺的不是理念,而是行为与操作；缺的不是水平,而是责任和精神。教育的希望在于教师良心的回归、精神家园的重建。只要有了良好的精神状态,我们就有战胜任何困难的勇气,就有奋然前行的动力。

8.《看透学生的心理》

学生的心理困惑从何而来？概括来说就是一"高"一"低"：高,学生是承载社会、家长高期望值的群体,自我成才欲望非常强烈；低,学生心理发展尚未成熟,缺乏社会经验,适应能力较差。正是这欲望与不能之间的矛盾造成了学生的心理问题。编写本书是期望引导教师与青少年共同克服这一难题,去打开人生的成功局面。

9.《卓越教师》

突出骨干教师的培训,既是加强中小学教师队伍建设的当务之急,又是提高教师质量的长远之计。本书在编写上提倡以培训学科带头人为目标，以现代教育思想、现代教育技术、特级教师的学术报告及当前教改的热点问题为研究内容，源于实践又高于实践，可用做骨干教师的培训教材，也可用于普通教师的自我阅读与提高，以期使教师在最短的时间内达到或接近特级教师的水准，成为学科带头人。

10.《与学生打成一片》

如何做受学生欢迎的教师，是每位教师都要思考的问题，也是每位教师都希望的。学校的课程很多，语文、数学、英语、科学、音乐、美术、体育等，每门学科都有自身的特点，每个学生都有自己的喜好，我们都能真正做到让每个学生都欢迎吗？本书将教会教师怎么样靠自己的才能和高尚的品德赢得学生的喜欢和尊重，让每一位教师都能成为受学生欢迎的教师。

11.《培养教师爱岗敬业精神》

本书从教师的角度出发，阐述了教师爱岗敬业所带来的深刻变化，介绍了爱岗敬业的途径和方法，从勇于负责、乐于服从、热情专注、自动自发、团结协作、勤奋努力、敢于创新、节俭高效等方面，结合大量教育实例和人生哲理，向广大教师提出了爱岗敬业的崇高理念和修炼方法，期盼每一位教师都能从中受益。

12.《教师职业道德与素质培养》

当前，各级教育行政部门和社会各界都非常关注师德建设，师德教育已经被列为教师继续教育的重要内容之一。本书以专题研究为主线，以典型的案例及案例分析为依托，从教师工作、生活实际出发设置情境、提出问题，突出师德教育的操作性和实效性。本书将适应21世纪对教师职业道德建设的需求，该书也适用于在校师范生及申请教师资格者学习。

13.《教师怎样提升教学质量》

每位教师的心里都有一个美好的心愿，那就是都想使自己的教学质量得到最大限度的提高。众所周知，教学质量是一个学校的生命线，如何提高教学质量是每一位教师时刻都在研究、都想努力做好的一件事。要让教育不平凡，出路就在于能突破平常很容易被封闭的局面。优秀的教师会善于用智慧慢慢"凿开"通向教育风景的出口。

14.《教师快乐工作指导》

教师工作细致而烦琐，教师不仅要组织好各种教育教学活动，还要保证学生的身心安全。长期的忙忙碌碌，精神高度集中，教师容易产生麻木、倦怠、疲劳的职业状态。为使教师消除职业倦怠，学会快乐地生活、愉快地工作，需要多渠道支持帮助教师进入积极健康的工作和生活状态，从心理、物质和精神上给予帮助和支持，让教师感受到集体的关怀和温暖。

15.《教师工作减压指导》

当教师很累，这已经是大部分中小学教师共同的感受。中小学教师劳动强度较大，长此以往，容易使教师患上疲劳综合症，对教育的可持续发展和教师队伍的稳定十分不利。中小学教师的过劳问题应当引起政府有关部门的高度重视，"以人为本"的理念要落到实处，不要仅仅停留在口头上。作为教师，不要只等待有关部门制定相关政策，必须学会给自己"减压"，保持良好的心理状态。

16.《教师文娱活动指南》

与家人、朋友一起开开心心度过课外时间与节假日，使身心从工作中彻底解脱出来，让身心得到充分的休息。教师的工作内容繁多，且对教师的要求越来越多。因此，举办教师文娱活动有利于舒缓教师工作压力，让照亮别人的蜡烛燃烧得更久、更久……

17.《教师心理健康指南》

随着竞争愈来愈激烈，教师的工作节奏日趋紧张，精神上容易产生巨大压力，精神上和身体上的超负荷状态对健康是非常不利的。如果不注意休息和调节，中枢神经系统持续处于紧张状态，会引起心理应激反应，久而久之可导致交感神经兴奋增强，内分泌功能紊乱，产生各种身心疾病。本书力图从教师职业发展的实际需求出发，注重必要的理论引领与生动的案例分析，突出专业性、应用性、操作性、可读性，可为广大中小学教师培训、自学提供借鉴，也可为高校相关专业学生的学习、研究提供参考。

18.《教师怎样进行教学改革创新》

本书立足素质教育的学理，探析课堂教学的变革，反思课堂教学实践，重新审视素质教育理论，在实践和理论的互动中探讨我国教育的现实与未来。

19.《从历代名著中学习教育思想》

本书选取世界知名教育家在世界教育史上具有重大影响和学习价值的教育名著进行选读。每位教育家及其著作均有作者简介、成书背景、内容精要、名著选读等内容。本书结合这些教育名家的成长经历，阐述了不同名著的理论内容和实践特色，批判继承了中外历史上进步的教育思想，对于提高读者的教育理论素养，提升教育工作者的教学水平和创新能力具有一定的借鉴意义。

20.《向教育名家学习教育智慧》

本书着重介绍了当代教育家的教育思想。中国是一个教育大国，理应对全人类的教育做出自己的贡献。在两千多年的历史文明进程中，中国也确实不断为世界教育的进步贡献自己的教育思想、教育制度和教育智慧。中华人民共和国成立以来，尤其是改革开放以来，中国教育发生了深刻变化，取得了巨大成就；同时，也不断涌现出新的教育思想、新的改革成就和新时代的教育家。我国一大批教育专家、学者上下求索、大胆实践，为教育发展出谋划策，为教育改革殚精竭虑。他们的学术思想和教育实践推动了我国的教育改革与发展，并将对今后的教育实践与研究继续产生深刻影响。

由于时间和经验的关系，本书在编写等方面，难免存在不足和疏漏之处，衷心希望各界读者、教师及教育界人士批评指正。

编者

目 录

第一章

教师爱岗敬业精神的培养

1. 爱岗敬业的精神内涵

在计划经济体制下，每个人都要服从国家的分配，国家按计划把每个人安排到一定的工作岗位上，在每一个工作岗位尽职尽责。

目前，在市场经济条件下，多数用人单位采用的是求职者与用人单位的双向选择就业方式。这种就业方式的好处，就是能使更多的人从事自己感兴趣的工作，用人单位也能挑选自己需要的人才。在社会主义市场经济条件下，双向选择的就业方式为更好地发挥人的积极性创造了条件，这一改革与社会主义职业道德基本规范要求的爱岗敬业并不矛盾。

首先，提倡爱岗敬业，热爱本职，并不是要求工作者终身只能干一行，也不排斥人的全面发展。它要求工作者通过本职工作，在一定程度上和范围内做到全面发展，不断增长知识，增长才干，努力成为多面手。我们不能把忠于职守、爱岗敬业片面地理解为绝对地、终身地只能从事某一职业。而是选定一行就应爱一行。合理的人才流动、双向选择可以增强人们优胜劣汰的人才竞争意识，促使大多数人更加自觉地忠于职守，爱岗敬业。实行双向选择，开展人才的合理流动，使用人单位有用人的自主权，可以择优录用，实现劳动力、生产资源的最佳配置，劳动者又可以根据社会需要和个人的专业、特长、兴趣和爱好选择职业，真正做到人尽其才，充分发挥自身的积极性和创造性。这与爱岗敬业的根本目的是一致的。

其次，求职者具备的爱岗敬业精神，是用人单位挑选人才的一项非常重要的标准。用人单位往往录用那些具有爱岗敬业精神的人。因为只有那些干一行，爱一行的人，才能专心致志地做好工作。如果只从兴趣出发，见异思迁，"干一行，厌一行"，不但自己的聪明才智得不到充分发挥，甚至会给用人单位带来损失。另外，现实生活中多数人从事的职业是社会所需要的。在这种情况下，如果没有"干一行，爱一行"的精神，那么就很难干好本职工作，很难做到爱岗敬业。

2. 教师爱岗敬业的具体标准

《中小学教师职业道德修养》指出，爱岗敬业精神是师德的核心内容。爱岗敬业作为教师职业道德的基本规范，是做好教育工作和履行教师道德规范的思想前提，教师只有具备了爱岗敬业精神，才能热爱学生、严谨治学、廉洁从教、为人师表，为祖国培养高素质的人才。

爱岗敬业既是教师坚持为人民服务的宗旨，也是所有教师实现自我价值，获得个人满足，完成人格升华、实现个人利益的有效社会途径。因此，作为一名教师应把"爱岗敬业铸师魂"作为加强师德修养的一个重要主题，不断提高自身素质，适应时代需要，完成教书育人的重任。

热爱教育，热爱自己的学校

教师要做到爱岗敬业，首先就应该热爱教育、热爱学校，树立坚定的教育事业心。只有教师真正做到甘愿为实现自己的社会价值而自觉投身教师这一平凡的工作岗位，对教育事业心存敬重，甚至可以以苦为乐、以苦为趣，才能产生巨大的拼搏的动力。虽然教师的劳动是平凡的，但是教师在知识结构的完善方面有自求自得的充实感，在精神寄托方面有育天下英才的自豪感，在思想、信息、交流方面有"究天人之际，通古今之变，成一家之言"（司马迁《报任安书》）的独立感，在人际沟通方面有师生相处融洽和谐的亲切感。

教师的工作，使顽皮的孩童变成了优秀的学生，使迷惘的青少年成为祖国的栋梁。人的一生应该有明确的目的，为理想而奋斗，虽苦但乐在其中。热爱教育事业，关心学校，关注事业的发展，这是每位教师都应具备的。在实际工作中，珍视为人师表这份荣耀，严格要求自己，才能赢得学生的爱戴、家长的信赖和领导的认可。

热爱学生，建立良好师生关系

热爱学生，是教师所特有的一种宝贵的职业情感，是良好的师生关系得以存在和发展的坚实基础。教师对学生的爱，与一般的人与人之间的爱有所不同。它不是来源于血缘关系，也不是来源于教师的某种单纯的个人需求，而是来源于人民教师对教育事业的深刻理解和高度责任感，来源于教师对教育对象的正确认识、满腔热情和无限期望。

因此，可以说，师爱是一种充满科学精神的，普遍、持久而高尚的爱。教师越满怀深情地去爱学生，越能赢得学生对自己的尊重，良好的师生关系就越能迅速地确立起来并得到健康的发展。这种爱的交流是学生成长的催化剂，它可以有力地把学生吸引到教育过程中来，激发学生进行自我教育的动力，推动学生朝着培养目标所指引的方向前进。因此，作为教师在处理师生关系的过程中，首先应当做到的就是热爱学生。

"良言一句三冬暖，恶语伤人六月寒"。当学生遇到困难时，要用励志的话语鼓励他；当学生受窘时，不妨说句解围的话；当学生自卑时，别忘记用他的"闪光点"燃起他的自信心；当学生难过时，应尽量设身处地地说些安慰话；当学生犯错误时，换个角度想一想，假如自己是犯错的学生时渴望听到哪些话。要以友善的态度对待学生，与学生交谈要换位思考，使学生从内心感觉到，老师是为了自己好，是为了自己的发展。只有坚持这样做，才能建立良好的师生关系，才能树起良好的师德形象。

面向全体，促进学生全面发展

面向全体学生就是要给予全体学生同样的关心和指导，同样的鼓舞和期望，作为教师应该公正、公平地对待每一个学生，满足他们求发展、求进步的需要，使学生从教师的行为中看到希望，受到鼓舞。

把晓理、动情、施爱，帮助学生健康成长放在工作的首位，把少先队工作与德育工作融为一体，变"成才"教育为"成人"教育，变以智育为重心的应试教育为以德育为重心的素质教育。热爱每一个学生，做学生的知心朋友，善于发现学生身上的闪光点。

在教学的实际工作中，教师要用欣赏的眼光看待每一名学生，努力寻找适合各自特点的发展方向，使每一个学生都能有所收获。身体素质好，成绩落后的学生，要鼓励他们在体育方面多下功夫；有特长的学生，要帮助他们选好目标，在学好文化课的同时学好专长，真正让每个学生都找到适合自己的发展方向。要允许学生犯错，在学生犯错时给予具体的帮助和指导，从而得到学生的信任，给学生一点宽容，让他们有自我反省的余地，才能从根本上促使学生形成良好的行为习惯。

在以往的教学实践中，重知识轻能力、重智育轻其他的现象十分严重。教师要充分认识到这一点，注重培养学生的全面发展。课堂上，激发学生的学习兴趣，使他们积极地获取知识，并注重培养学生的创新精神和实践能力，同时在课内外注意言传身教，使学生具有良好的思想品行和行为习惯。在教育实践中，把教会学生做人，学会求知、学会审美、学会健体、学会劳动有机地统一起来，同时重视学科课、活动课的育人功能，把理论和实际、动脑动手结合起来，把课内外、校内外教育结合起来，使学生的知、情、意、行和谐统一，促进学生德、智、体、美、劳的全面发展。

身正为范，塑造人格魅力

教师是人类灵魂的工程师，不仅要教书，更要育人，以自己的言行来教育和影响学生。在教学中，教师应把对学生的爱用真诚而礼貌的语言表达出来。语言文明才能取得学生的信任和良好的教育效果。教师语言美，能体现其善良而正，必然追求自身的道德修养。教师的仪表是教师精神面貌的外在体现，是其内在素质的反映和个人修养的标志，对学生具有良好的示范作用，所以教师应做到举止稳重端庄，着装整齐清洁。

教师的人格魅力是学生成长的重要保证。教师的高尚人格对学生心灵的烛照深刻且久远，甚至可能影响学生的一生。现代教育，要求教师具有现代人的素质和高尚的人格。要有知识渊博的学者形象，要有开拓进取的创新精神，要有堪为师表的高尚品德。《论语》中说"其身正，不令而行；其身不正，虽令不从。"

尊重家长，体现师德修养

父母是孩子的第一任教师，父母在孩子的一生中具有举足轻重、不可替代的作用。苏联教育家苏霍姆林斯基认为，学校与家庭是两个并肩工作的雕塑家，有着相同的理想观念，并朝着一个方向行动，在创造人的工作上，两个雕塑家没有相对对立的立场是极其重要的。尊重家长，引导家长了解、参与、监督学校的教育工作，才能充分发挥家长的监督教育作用，使学校教育和家庭教育有机地结合起来。

家长群体是一支蕴藏着巨大教育潜力的队伍，教师要经常虚心听取家长的建议，才能调动家长参与学校教育教学的积极性，不断改进自己的工作。

如果说，学校是培养人才的摇篮，那么教师则是培养人才的人才。而师德则是一个优秀教师的灵魂，是最本质的东西。总之，我们应做到热爱教育、热爱自己的学校；热爱学生，建立良好师生关系；面向全体，促进学生全面发展；身正为范，塑造人格魅力；尊重家长，重视师德修养。应把"爱岗敬业铸师魂"作为加强师德修养的一个重要主题，不断提高自身素质，才能适应时代需要，完成教书育人的重任。

3. 怎样理解爱岗与敬业的关系

爱岗就是热爱自己的工作岗位，热爱本职工作，亦称热爱本职。爱岗是对人们工作态度的一种普遍要求。热爱本职，就是职业工作者以正确的态度对待各种职业劳动，努力培养对自己所从事的工作的幸福感、荣誉感。一个人，一旦爱上了自己的职业，他的身心就会融合在职业工作中，就能在平凡的岗位上，做出不平凡的事业。每个岗位都承担着一定的社会职责，都是从业人员在社会分工中所获得、所扮演的一个公共角色。现阶段，就业不仅意味着以此获得生活来源，掌握了一个谋生手段，而且还意味着有了一个社会承认的正式身份，能够履行社会的职能。在社会主义制度下，要求从事各行各业的人员都要热爱自己的工作岗位。

对一种职业的热爱，也是一个人对这种职业的兴趣。有兴趣就容易产生职业感情，没有兴趣就谈不上对所从事职业的热爱。因此，从业员要从整个社会需要的角度出发，培养职业兴趣，热爱本职工作，这是爱岗敬业的一种表现。需要指出的是对于那些工作环境艰苦，繁重劳累或是工作地点偏僻、工作单调、技术性低、重复性大，甚至还有危险性的工作，要做到爱岗是一件非常不容易的事。在这种情况下，热爱这些岗位并在这些岗位认真工作的人，是有高尚品德的人。

敬业，就是用一种严肃的态度对待自己的工作，勤勤恳恳，兢兢业业，忠于职守，尽职尽责。中国古代有很多思想家提倡敬业精神。例如，孔子称之为"执事敬"，朱熹解释敬业为"专心致志，以事其业"。

整个学校或单位好比一台大机器，其中的任何一个环节，哪怕是其中的一个小小的螺丝钉出现了问题，都会影响整台机器的运转。如果一个从业人员不能尽职尽责、忠于职守，就会影响整个学校或单位的工作进程，严重的还会给学校或单位带来损失。

目前，敬业包含两层涵义：一为谋生敬业。许多人是在努力工作中求生存，这一因素个人利益色彩较多；二为能真正认识到自己工作的意义，这是一种内在的精神，是鼓舞人们勤勤恳恳，对工作认真负责的强大动力。

爱岗与敬业总的精神是相通的，是相互联系在一起的。爱岗是敬业的基础，敬业是爱岗的具体表现，不爱岗就很难做到敬业，不敬业也很难说是真正的爱岗。

4. 培养敬业精神应具备什么条件

在教学活动中，教师应该怎样培养敬业精神呢？

（1）充满自信心

信心代表着一个人在事业中的精神状态和把握工作的热忱及对自己能力的正确认知。有了这样一份信心，工作起来就有热情、有动力，可以勇往直前。当前，有的时候我们也许会面对失败和挫折，但这并不可怕。要知道，每当你经历一次打击，便能积累一次经验，获得一份自信，便能积蓄一次力量和勇气。

（2）不断充实自己

能力是与自己的知识、工作的经验、人生的阅历和长者的传授相关联的。并不是说，我们学了什么专业，未来一定会从事相关行业，人格特质才是决定人生方向的关键。因此，能力的培养是和真正不断地吸收新知识、新经验密不可分的，只有充实自己，才能赢在各个起跑线上。

（3）掌握沟通的技巧

在工作中掌握交流与交谈的技巧是至关重要的。我们不仅仅要确定对方是否了解我们的意图，更重要的是让彼此在同一个观点、同一件事情上可以取得共识。这需要的就是个人沟通的技巧。因此，如何有效沟通，并表达自己的想法与见解，是一门学问，也是决定我们在社会上取得成功的重点所在。

（4）开发创造性思维

在这个不断进步的时代，从业人员不能没有创造性的思维，一味地在传统的理念里停滞不前是行不通的，应该紧跟现代社会发展的节奏，不断在工作中注入新的想法和提出合乎逻辑的有创造性的建议。而创造，除了知识的积累，还需要与人和事物的接触和观察。我们要开拓认识事物的深度与广度，不要将自己限制在条条框框中，多去尝试接触不同的人和事，相信对自身的创新发展会有极大的帮助。

（5）能够利用团队的力量

在社会上做事，如果只是独自地战斗，不靠集体或团队的力量，是不可能获得真正的成功的。当今社会是一个充满激烈竞争的社会，如果从业人员懂得用集体的能力和知识的汇集来面对任何一项工作，终将无往不胜。因此，从业人员要思考如何将个体的差异进行整体性融合，并使其成为一股强大的力量。

5.教师爱岗敬业的"十种表现"

教师工作关系到人类知识和文明的传承，关系着社会的发展和进步。作为从事教育工作的教师来说，应该做到爱岗敬业。教师爱岗敬业包含的内容很多，概括起来，主要有以下十种表现。

（1）把教师工作当作终生追求的事业来干

一名教师，一定要有为教育事业奋斗终生、奉献一切的思想和准备，只有把它当作孜孜以求、实现自己人生价值的事业，才会全身心地投入教育事业中。

（2）把所教的每一个学生都当成自己的孩子

孩子之间总会千差万别，但他们都是社会的一员，教师必须做到无条件地爱每一个孩子，尽己所能去培养每一个孩子。

（3）把促进每一个学生成长进步作为自己的神圣职责

学校的课堂、学习的教材是统一的，然而学生却是一个个活生生有特点的个体，因而决定了教育要"因材施教"。

（4）把每一节课都上成优质高效课

"满堂灌""大作业量"不是好的教学方法，而"减负增效"才是理想的教学措施。教师要研究学生学习的规律和特点，让学生"乐学会学"，奠定"终身学习与发展"的基础。

（5）把读书学习作为丰富自我的爱好

作为教师，要适应现代化教育的需要，就必须养成喜欢读书，善于钻研的习惯。

（6）把每一位教师看成携手共赢的亲密战友

教师的工作需要密切配合，教书育人是一个综合工程，必须处理好教师与教师之间的关系。

（7）把每一位家长看成平等协作的教育伙伴

在孩子成长的过程中，父母和教师既要有分工又要有合作。只有家、校联合，才能形成完整的教育。

（8）把学校当成荣辱与共、休戚相关的家

作为明智的学校领导，一定会信任和理解教师，团结大家共同奋斗，为办出优质学校而努力；作为明理的教师，也应该以校为家，以勤奋工作为学校建设增砖添瓦。

（9）把烦琐劳累的工作当作科研探索之路

因人的千差万别，教育的过程必然充满艰辛和不易。这就需要教师坚持不懈地去摸索教育的规律、特点，寻求最佳的途径和方法。

（10）把教育业绩看作自我生命光彩与价值的"史记"

教育事业就像播洒阳光雨露一样，哺育着幼苗茁壮成长。既然选择了教育工作，就要力争当好教师，当名师，就要追求卓越，力求最好。只有这样，当回首往事、感怀一生的时候，才能无怨无悔。

6. 爱岗敬业精神是师德的核心

《中小学教师职业道德修养》指出，爱岗敬业精神是师德的核心内容。师德教育的中心目标之一就是培养教师的爱岗敬业精神。爱岗敬业是教师做好教育工作的思想前提，是教师职业道德的基本规范。教师只有具备了爱岗敬业精神，才能热爱学生。严谨治学、廉洁从教、为人师表，为祖国培养高素质人才。爱岗敬业既是教师坚持为人民服务的宗旨，也是教师实现自我价值、获得个人满足、完成个人升华、实现个人利益的有效社会途径。

因此，作为一名人民教师应把"爱岗敬业"作为加强师德修养的一个重要主题。不断提高自身素质，才能适应时代需要，完成教书育人的重任。而要完成这一目标，应做到以下几点：

热爱教育，热爱学校，树立坚定的教育事业心

教师要做到爱岗敬业，首先就应该热爱教育，热爱学校，树立坚定的教育事业心。只有教师真正做到甘愿为实现自身的人身价值而自觉投身这种平凡工作中，对教育事业心有敬重，以苦为乐，才能产生工作的动力。教师的劳动是平凡的，在平凡的教育岗位上使一批批青少年成为国家的栋梁。人的一生应该有奋斗的目标，并为这个目标而奋斗，虽苦却乐在其中。热爱教育事业，关心学校，关注教育事业的发展，这是每个教师都应具备的。在工作中，珍视自己的这份职业，重视对自身的严格要求，才能赢得学生的爱戴、家长的信任、领导的认可。

勤奋钻研、科学教育、坚持正确的教育思想

爱岗敬业精神的另一个主要表现是教师勤奋钻研，科学施教。一个爱岗敬业的教师，不会满足仅仅依靠经验育人，他会总结教育规律，并按教育规律科学施教，坚持以正确的教育思想教书育人。教师只有坚持正确的教育思想育人，才能真正实施素质教育，全面提高学生素质，培养出适应时代要求的人才。为做到这一点，需要从以下几点做起：

（1）公正、公平对待每个学生

满足他们求进步、求发展的需要，使学生从教师的行为看到自己的希望，受到鼓舞。要善于发现每个同学的闪光点，从闪光点入手，培养他们的兴趣爱好，使每个学生都有自己的特长，从而贯彻"特色"教育的思想，坚持因材施教的教育理念，真正让每个学生都找到自己的发展之路。

（2）促进学生全面发展

为适应社会的发展，学校培养的学生不能仅仅是学习的"机器"，除了书本知识一无所知。在教育实践中，教师要教会学生做人、学会求知、学会审美、学会健体、学会劳动并把这些有机结合到一起。把理论和实际、动脑和动手结合起来，把课内外教育融合起来，促进学生德、智、体、美、劳的全面发展，真正使学生成为适应时代要求的全面发展的人才。

（3）认真工作，树立认真负责的工作态度

每位教师都应当认真对待学校的工作，认真对待每名学生，哪怕是"细枝末节"的活动也要做到不搪塞推脱，不马虎了事。

第一，树立认真的工作态度，首先要讲究职业道德。教师的职业道德实际是对事业、对学生的一种责任感。责任感越强，

越能体现教师的敬业精神。

第二，要认真教导学生做人。教师必须以身作则，以自身的行为影响学生，使学生逐步养成基本的文明习惯。

第三，要认真传授知识，教好功课。对教育的每一个环节都应当认真对待，来不得半点虚假和搪塞。要认识到教师的工作态度直接影响到教育的效果。认识到这一点，教师就要在教育中始终坚持职业道德，严以律己，以身作则，努力做到为人师表。

另外，教师还应做到淡薄名利，育人为乐。不追求虚荣浮华，专心于自己的教育事业，以自己的崇高职业为荣。

只有做到了这几点，教师才能说自己"爱岗"了"敬业"了，才能无愧于教育事业，无愧于国家的培养。

7. 教师要注重师德的修养

德、职德，是个人在职业活动中的行为规范和准则，是教育行业对社会所负道德的责任和义务。从事的行业不同，职德也就不同，从医有医德，从商有商德，从教有师德。教师是人类灵魂的工程师，应秉持传道受业的教育理念，必须注重师德修养。随着社会的发展，人才标准的提高，教师对社会承担的责任也愈来愈大，为此需要进一步加强教师的爱岗敬业精神。

师德是传统美德的延伸和行业道德的典范

每个民族都有自己稳定的行业行为道德规范，它的继承和传承主要是靠各行各业的从业者来完成的。中华民族博大精深的文化和传统美德也是如此。而教师在这方面起到了至关重要的作用。一方面，教师要对传统道德进行提炼升华并发扬光大；另一方面，随着社会的不断进步，新风尚，新道德的出现，教师不但有自觉遵守和实践的责任，而且还要积极倡导和教育学生去遵循新的道德要求，进而形成新的良好社会道德风尚。

师德师风建设是教师爱岗敬业的完善

中华优秀传统文化教育，是人们追求真善美，摒弃假丑恶，实现爱岗敬业的自我完善。

教师是传统文化的传播者，教师具备的道德品质包含丰富的内容，既要求教师具有外在的言谈举止的文明规范性，对学生起引导作用，又要求教师具有内在的坚定意志，豁然大度，热情大方，是非分明，正义感强等。教师重在爱岗敬业对学生的内心世界产生熏陶和感染。当这几种要求达到高度统一时，才能是一位合格的人民教师。

苏联著名教育家霍夫姆林斯基说过："人的各个方面特征的和谐都是由某种主导首先的东西决定的，这个主导首先性的东西是道德，道德是照亮一切方面的光源。"人民教师肩负着为祖国培养下一代的神圣职责，教师应不断加强自身的道德和业务修养，增强对教育事业的责任心，发扬爱岗敬业的奉献精神，既是职业的要求也是时代的呼唤。

师德建设是爱岗敬业的关键

《中华人民共和国教师法》中指出，建设具有良好思想品德修养和业务素质的教师队伍，遵守宪法，法律和职业道德，为人师表，忠诚于人民的教育事业。教师要具备文明规范的言谈举止和优良淳朴的道德品质，教师要热爱祖国，对教育事业无限忠诚，尽职尽责，爱岗敬业，无私奉献，关爱学生，激发学生努力学习、掌握相关技能的热情，为学生的全面发展起到激励作用。

新时期教师应该发扬优良传统，不断提高师德修养，爱岗敬业，无私奉献，做无愧于从事太阳底下最光辉职业的称号。

8. 敬业是优秀教师绝对标准

一个人无论从事何种职业，都应该敬业，尽自己的最大努力，争取不断进步。这不仅是工作的原则，也是人生的原则。如果没有职责和理想，生命就会变得毫无意义。那些在人生中取得成就的人，一定在某一特定领域里进行过坚持不懈的努力。

许多人都曾为一个问题而困惑不解：为什么明明自己比他人更有能力，但是成就却远远落后于他人？不要疑惑，不要抱怨，而应该先问问自己：是不是把自己的全部精力都用在工作的目标上了？是否用心做好工作了？是否接受工作中的挑战了？

如果你对这些问题无法做出肯定的回答，那么这就是你无法取胜的原因。

在学校，教师尽职尽责才能做好工作，才能达到良好的教学效果。因此，敬业是优秀教师的绝对标准。一个不能让学生充满活力并获得发展的教师，就不能称之为好教师，更谈不上尽职尽责地工作。

9. 教师要达到的敬业境界

敬业精神和品质，对于教师而言是至关重要的。作为人类灵魂工程师的教师，要具备强烈的敬业意识和忠诚自己本职工作的事业心，敬重本职工作的责任感和成就本职工作的使命感，这是从事教师职业并堪负使命不可或缺的重要内容。

敬业作为中国传统道德规范之一，是教师必须具有的优良品质，在教育工作中要"敬事而信"和"敬业乐群"。对于一个教师而言，要敬重教育事业，就要潜心研究业务，不浮躁，耐得住寂寞。凡有成就的教师，都是从教育职业劳动中领略无穷趣味的敬业者。教师敬业的核心是尊重职业、精通职业、献身职业。

尊重职业

尊重自己所从事的教育事业是教师敬业精神的首要标准，是一个教师必备的、最基本的心态。热爱和尊重是职业成功的前提，只有对自己的职业有积极的态度，对自己从事的职业充满敬重的情感，才能维护它和成就它，才能得到喜悦和快乐等积极的体验，从而在职业活动中做出积极的贡献。一个教师确立和培养崇高的职业理想和事业心，真正的尊重职业，必须具有不能放弃的使命感和责任感，把自己从事的教师职业看成无比神圣的崇高理想。这种敬重职业的事业心，包含着决心成就事业的高尚情感、忘我品格、实干作风和奉献精神。

精通职业

每位教师都追求美好的人生和事业，都希望自己的职业活动有价值、有意义，为社会做出自己的贡献，实现人生价值。而要对社会、对人民做出较大的贡献，就必须发愤成为业务上的行家能手，驾驭、精通自己从事的专业。要在工作岗位上有所发现、有所发明、有所创造、有所前进，以自己力所能及、游刃有余的岗位工作能力和水平，成就自己从事的职业，立足本职工作实现人生价值，对社会、对人民做出自己应有的贡献。要成为自己所从事的业务领域的专家，就要对自己专业领域劳动的知识、技能刻苦钻研、精益求精，不断提高业务水平和教育教学能力，成为优秀的教育工作者。

献身职业

对于一个教师来说，以忘我精神献身于崇高的职业，这是一个教师的最大幸福。教师的职业意识和责任在职业劳动中的反映，就是个人把献身职业和做出成就看成是自己的职责、使命和责任，把它看成非这样做不可的需要和义务。教师在职业生涯中，能够经常感受到这种责任的存在，并在履行这种责任、使命的同时，不断形成和发展内在的责任感、使命感。教师只有全身心地投入职业劳动和创造，才能是幸福、愉快和有成就的。

10. 教师要增强敬业精神

近年来，教师的流动越来越频繁，成为大家关注的热点问题。

树立敬业精神要求教师必须有诚心；树立敬业精神要求教师必须有恒心；树立敬业精神要求教师必须有精心；树立敬业精神要求教师必须有爱心。

敬业，就是敬重自己从事的事业，专心致力于自己的事业，努力将自己的事情办好。中华民族历来有"敬业乐群""忠于职守"的传统道德规范。结合教育的现实要求，发扬优良传统，大力倡导爱岗敬业的职业道德，是当前教师职业道德建设的一项十分有意义的事。

教育事业的发展必须依靠全体教师发扬敬业爱岗精神。百年大计，教育为本。教育决定人才培养的数量和质量，直接关系到一个国家的综合国力和国际竞争力。教育大计，教师为本，教师被称作太阳底下最崇高的职业，是因为教师的责任是培养理想远大、热爱祖国的人，追求真理、善于创新的人，德才兼备、全面发展的人，视野开阔、胸怀宽广的人，知行统一、脚踏实地的人。

要培养高素质的人才，教师必须具有良好的素质，而其中敬业精神是首要的、最基本的素质。在社会主义市场经济条件下，教师的价值取向、思维方式、行为规范、生活需求等，都普遍受到市场机制及其利益机制的驱动和社会各种思潮的冲击。因此，增强教师的敬业精神，已成为教育改革与发展中的一个必须面对和解决的重要课题。

11. 教师的敬业精神和敬业内容

人们常常把教师比喻为蜡烛，"燃烧了自己，照亮了别人"，比喻为春蚕，"到死丝方尽"。教育家朱熹认为："敬业者，专心致志事其业"。教师的敬业精神是教师爱业、勤业、乐业、精业、创业的基本品质。

敬业精神的主要表现

（1）对教育工作的敬业

教育是个大工程，是面向整个社会的全方位的系统工程。教师的责任是培养理想远大、热爱祖国的人，追求真理、善于创新的人，德才兼备、全面发展的人，视野开阔、胸怀宽广的人，知行统一、脚踏实地的人。教师肩负着如此重要的责任，必须具备良好的师德修养和敬业精神，要心中有杆秤——努力认真工作，不怕苦不怕累。因此，对教育工作的敬业是教师敬业精神的首要内容。

（2）对学生的敬业

针对素质教育的要求，教师对学生关注的方向已不是停留在较为单一的学习态度、知识量掌握的深度方面。对于学生的学习个性的发现，培养他们独立思考问题的能力，锻炼他们的动手动脑能力，激发他们的创造意识、创新精神，摒弃忽视个性学习强调集体模式的应式教育，建立重视学生个性发展，强调多层次、多角度、多目标培养学生的教学机制，成为教师对学生敬业内容的新的探索方向和目标。

（3）对知识的敬业

面对当今飞速发展的信息社会、知识经济时代，教师要注重对知识的更新、对知识的实践运用能力。教师的继续学习、更新知识和把握运用知识的能力是对敬业精神的一种诠释和发展。教师在这一空间领域有了自己积极自由的探索，有了自己的知识积累，有了自己的教学研究，有了自己对知识运用能力的教学传授方法，才可以比较快地适应素质教育的要求，胜任自己的教学工作。

百年大计，教育为本；教育大计，教师为本；教师大计，师德为本。敬业精神是对教师的基本要求。

教师的敬业精神是教师爱业、勤业、乐业、精业、创业的基本品质。而其中敬业精神是首要的、最基本的品质。

树立教师的敬业精神

（1）树立敬业精神要求教师必须有诚心

忠诚于自己所从事的事业是教师敬业精神的首要标准，是一个教师必备的、最基本的心态。具有敬业精神的教师，无论何时何地、何种状态下都会主动、自主、自觉地意识到自己"职业"的社会责任和道德责任，都会凭借隐藏在内心的意识活动尽职尽责，一丝不苟地对待教育中的任何一件事。

（2）树立敬业精神要求教师必须有恒心

对于一个教师而言，要敬重自己的事业，就要潜心研究业务，不浮躁，不急功近利，耐得住寂寞，经得住诱惑。既要有"十年磨一剑"的雄心，也要有"板凳要坐十年冷、文章不写一句空"的底蕴。古今中外，有所成就的人，无一不是潜心研究、追求卓越的敬业者。许多世界著名的科学家，不仅以其卓越的学术成就赢得了人们的称赞，而且也以持之以恒、严谨治学的科学态度获得了人们的敬仰。

（3）树立敬业精神要求教师必须有精心

培养人才是复杂的劳动，不仅需要教师专心致志、精益求精，更需要教师适应当今科学技术发展的新趋势和经济社会发展的新动态，更新教学观念、课程体系、教学内容和教学方法、教学手段乃至教学艺术，不满足于陈规俗套，不满足于现状，不满足于照抄照搬和"拿来主义"，以创新的意识、创新的内容、创新的方法，从多维的角度和空间培养学生的创新能力和实践能力。

教师敬业精神的养成，需要社会和学校的不懈努力，形成尊师重教的社会风尚，为教师创造良好的学习、生活、工作环境。正如清华大学原校长梅贻琦先生所言："学校犹水也，师生犹鱼也，其行动犹游泳也。大鱼前导，小鱼尾随，是从游也。从游既久，其濡染观摩之效，自不求而至，不为而成。"

敬业精神和品质，对于教师而言是至关重要的。作为人类灵魂工程师的教师，强烈的敬业意识和忠诚于自己本职工作的事业心，敬重本职工作的责任感和成就本职工作的使命感，这是从事教师职业并堪负使命不可或缺的。

敬业是教师必须具有的品质，在教育工作中要"敬事而信"和"敬业乐群"。对于一个教师而言，要敬重教育事业，就要潜心研究业务，不浮躁，耐得住寂寞。凡有成就的教师，都是从教育职业劳动中领略无穷趣味的敬业者。

爱岗和敬业的意义

敬业既是教师高度的政治责任和职业责任的具体体现，也是教师实现自身价值，追求人生幸福的最现实可靠的途径。教师只有具备了敬业精神，才能热爱学生，言传身教，无私奉献。例如，谭千秋老师用生命作支撑，舍身护住了四个孩子，自己却献出了宝贵的生命。

敬业，必须落实在教师认真负责、精心施教的工作态度上，必须体现在教师教书育人的过程之中。教育过程中的任何轻率、差错和随意性，都会给学生造成不良的，甚至是一生的影响。从事教师职业必须要有高度责任感，因为教师的态度关系到一大批学生的成长，肩负着党和人民群众的深切期望。首先，要重视职业道德培养。教师的职业道德实际上是对事业、对学生的一种道德责任感。这种道德责任感越强，越能体现教师敬业的崇高境界。其次，要认真教学生做人。教学生做人，教师必须先以身正人。

敬业还体现在认真传授知识上。要教好功课，教师必须对每个教学环节进行精心设计，倾注大量的心血和精力。要给学生一杯水，教师自己要有一桶水，甚至更多，因为教学的高质量是由教学过程的各个环节的高质量组合而成的，来不得丝毫的虚假和搪塞。教师面对的是活生生的人，教师工作认真负责的程度直接影响着教育教学的效果。正视了这一点，在实际工作中，珍视为人师表的这份荣耀，时时处处严格要求自己，才能赢得学生的爱戴，家长的信赖和领导的认可，无愧于"人类灵魂工程师"这一光荣称号。

如何敬业，每个人都有自己的看法。伟大的时代蕴育不平凡，普通的工作中也能体现对教育事业的无限忠诚。作为教师，只有不断加强师德修养，努力提高自身的综合素质，努力培养敬业精神，才能无愧于伟大的时代，完成好教书育人的神圣使命。

教师的爱岗，就是热爱教育事业，具体表现为热爱工作和热爱学生。热爱工作，意味着尊重和珍惜自己的选择，表现对教育事业全身心投入和不悔追求的信念、态度和决心；一个热爱教育事业的人，会感到教育教学对他人生的意义与生命的价值，他会在教育教学活动中感受到生命的律动和活力，体验到人生的快乐与幸福，捕捉到生活的绚丽与精彩。

教师的敬业，就是对教育发展和学生成长的强烈使命感和责任感，具体表现为对教育教学工作的认真负责、一丝不苟和精益求精，对学生的关怀、尽心尽力和无微不至。在教育教学活动中，表现为认真备课上课，认真批改作业，认真辅导每一个学生，不敷衍塞责；也表现为对学生的热切关注，对教育教学工作的科学设计与有效实践。

爱岗和敬业既相互联系，又互有区别。爱岗是敬业的前提，敬业是爱岗的体现。一个热爱教育事业的人会更加认真地创造性地履行好自己的职责、完成好自己的教育教学任务；一个敬业的人会在认真负责其所从事工作的过程中体验到教育教学的快乐和幸福，从而进一步热爱教育事业。爱岗更多是一种情感体验，敬业更多是态度和行为体现。二者相互联系、相互促进，使教师在爱岗敬业的践行中做一个幸福和快乐的人。

爱岗敬业需要教师自觉践行。爱岗在践行的过程中体验，敬业在践行过程中展现。教师在认真踏实、创造性地完成教育教学任务的过程中，体验成功的快乐，享受收获的幸福，进而提高对教育教学工作的热情，加深对教育事业的热爱；反之，对教育教学的热爱又会使教师更加珍惜工作，更加认真地对待工作，更加细心地呵护学生。

教师高素质的发展

（1）要善于学习，不断地丰富自己

要向前人学习、向同时代的人学习，特别要向同事学习；要学习他人的理论；要不断积累，及时梳理，将各种知识内化为自己的思想观点。

（2）要勇于探索，不断地超越自己

要深入研究学生的成长规律和特点，研究教育教学的规律和特点，也要研究自身成长的规律和特点，寻求优质教育和高效教学的模式和自身成长的途径。

（3）要勤于反思，不断地完善自己

要及时地、深入地反思自己的语言、行动、经验、思想，在反思中不断地提醒自己。

（4）要敢想敢做，不断地形成自己

要敢于突破既有的思维模式，勇于实践自己的灵感和思想，在创造性的工作中形成自己的教育教学风格。

营造环境，"养吾浩然之气"

人际交往是现代人生存的重要条件。一个教师如果不进行正常的人际交往，确实难于在学校和社会立足，然而过分地注重人际关系也是有害的。因为有些人际交往可以鼓舞士气；而有些人际交往则格调较低，如果陷在其中，不仅浪费时间，也消磨斗志，容易生出许多贪利盲从之心。

因此，教师要保持开朗的心情和健康的心态，在努力适应环境的同时，改造环境，努力营造一种积极向上的学习氛围，争取把更多的时间用在学习、工作、思考和创造上，这样不仅会有益于教师自身的发展，也有益于教学质量的提高。

爱岗敬业是一名教师需具备的基本的师德修养，教师只有在有意与无意之间言传身教，增强师德意识，才能完成教育新一代的神圣使命，才能不辱教师这一神圣而崇高的职业，才能实现自己真正的人生价值。

12. 教师提高师德修养的方法

要提高自身师德修养

教师要从一言一行的小事上严格要求自己，为人师表，作好学生的表率。用自身的实际行动使学生的学习、品德行为乃至思维方式都潜移默化地受到正面的影响，促使学生形成健康的人格。

要关爱每一名学生

爱是教的心理动力，教师的教总是植根于对学生的爱。教师只有爱学生，才能精心地教学生，才能尽心竭力地教学生。教师对学生的爱，是学生产生"亲师信道"的心理基础；教师师对学生的爱是学生追求真理，确立科学人生观的精神动力。

要有勤业精神

高尚的师德也体现在"刻苦钻研、严谨笃学"之中，因为广博精深的专业知识是做教师的根本条件。具有渊博、丰富知识的教师，才能用最便捷、最有效的方法把自己的知识教给学生。时代的发展、社会的进步，需要教师的知识不断更新，与时俱进。教师要牢固树立终身学习的理念，要与时俱进地学习新知识、新技能、新技术，拓宽知识视野，更新知识结构，不断提高教学质量和教书育人本领。

要有乐业精神

教师要进一步升华道德情操。教师的人格力量是一种无穷的榜样力量，高尚的师德，是对学生最生动、最具体、最深远的教育。尽管教师的工作是辛苦、操劳的，但教师要用责任守住自己心灵深处的一方净土，兢兢业业，呕心沥血，甘为人梯，乐于奉献，静下心来教书，潜下心来育人，努力做受学生爱戴、让人民满意的教师。

13. 干一行要爱一行

由于能力、经验、经济条件等方面的原因，很多人并不能一开始就找到自己理想的工作，可能目前干的就是一件过度阶段的工作，但是，只要从事了这份工作，就要以认真的态度对待这份工作，一定要以欢快的态度接受，以虔敬和认真的态度完成，所以不仅要"爱一行，干一行"，还要"干一行，爱一行"。一旦你决定要从事某种职业，或者你一旦在从事某种职业，就要立即打起精神，不断地勉励自己、训练自己、控制自己。在工作中要有坚定的意志，心怀敬畏，不断地向前迈进，如此就会走向自己梦寐以求的成功境地。

14. 将敬业作为一种习惯

职业是人的使命所在，是人类共同拥有和崇尚的一种精神。从世俗的角度来说，敬业就是敬重自己的工作，将工作当成自己的事，其具体表现为忠于职守、尽职尽责、认真负责、一丝不苟等职业道德，其中包含了一种使命感和道德责任感。这种道德感在当今社会得以发扬光大，使敬业精神成为一种最基本的做人之道，也是成就事业的重要条件。

任何一所想取得较好教育质量的学校必须拥有敬业的教师。没有敬业的教师就无法给学生提供高质量的服务，就难以"生产出"高质量的"产品"。然而，无论我们从事什么行业，无论到什么地方，我们总是能发现许多投机取巧、逃避责任、寻找借口之人，他们不仅缺乏一种神圣使命感，而且缺乏对敬业精神世俗意义的理解。

当我们将敬业变成一种习惯时，就能从中学到更多的知识，积累更多的经验，就能从全身心投入工作的过程中找到快乐。这种习惯或许不会有立竿见影的效果，但可以肯定的是，当"不敬业"成为一种习惯时，其结果可想而知，甚至可能毁掉你的一生。

成败往往取决于个人人格的高低。一个勤奋敬业的人可以获得他人的尊重。那些投机取巧之人即使利用某种手段达到了自己的目的，但往往被人视为人格低下，无形中给自己的成功之路设置了障碍，也会为自己的行为付出代价。

事实证明，敬业的人能从工作中学到比别人更多的经验，而这些经验便是其向上发展的垫脚石，即使以后从事其他的职业，丰富的经验、好的工作方法和敬业精神也会为其成功带来帮助。因此，把敬业变成一种习惯的人，从事任何行业都容易成功。

　　把敬业变成习惯之后，或许不能立即带来可观的收入，但可以肯定的是，如果养成"不敬业"的不良习惯，一个人的成就就相当有限。因为那种散漫、马虎、不负责任的做事态度已深入潜意识，做任何事都会有"随便做一做"的心态，其结果可想而知。

　　每一位教师都应该培养自己的敬业精神，敬业精神是教师走向成功的宝贵的财富。

15. 始终保持敬业的职业态度

态度是语言中最重要的词汇之一，它作用于生活中的各个方面，包括一个人的私生活和职业生活。来自哈佛大学的一项研究发现，一个人若想取得成功，积极、主动、努力、毅力、乐观、信心、爱心、责任心等积极的态度因素占80%左右。因此，无论选择何种领域的工作，成功的基础都是你的工作态度，也可以这样说：态度决定结果。

对待工作的态度，是一个人职业道德的体现。有些人认为自己从工作中并没有得到太多的好处，对工作敷衍了事。而事实上，如果一个人做不好本职工作，就会失去信誉，做其他事情也没有可信度。如果认真地做好每一项工作，往往会有更好的更有成就的工作等着他去做，这是一个良性发展的过程，也会因此拥有更高的信誉和业绩！

工作在我们的生活中占据了很重要的位置，正如心理分析专家威廉·赖希（Wilhelm Reich）所说，爱工作和知识是幸福之源，也是支配生活的力量。我们要在工作与生活中认真权衡把握，毕竟工作是为了更好地生活。

如果我们仅把工作作为一种谋生手段时，我们就不会去重视它、热爱它；而当我们把它视作深化、拓宽自身阅历的途径时，每个人都不会从心底里轻视它。工作带给我们的，将远远超出其本身的内涵。工作不仅是生存的需要，也是实现个人的人生价值的需要，一个人不能无所事事地终其一生，应该试着把自己的爱好与所从事的工作结合起来，不管做什么，都要从中找到快乐，并且要真心热爱所从事的行业，始终保持敬业的职业态度。

16. 爱岗敬业是教师实现理想的基础

教师在对待自身工作时的乐业、敬业、勤业、精业的工作态度是教师爱岗敬业的表现。敬业是教师在对自身职业理想思考的基础上形成的积极态度。教师不仅应当具备乐业、敬业、勤业精神，更要发扬精业精神，这不仅是教育改革的要求，也是这个时代对教师的要求。

教师是一个崇高的职业，每一位教师都有其崇高的理想。而爱岗敬业则是教师职业理想实现的基础。对于爱岗敬业的要求主要体现在以下几个方面。

（1）情感上爱校爱教

对自己所从事的职业活动有一种情感上的接纳，甚至对所从事职业活动的场所有一种割不断的"情结"，这也是许多职业成功者的共同特征。许多优秀教师都会把自己的情感世界与教育事业联系在一起。为教育之忧而忧，为教育之乐而乐。这种情感是"爱岗敬业"最根本的动力源泉，只有当教师热爱自己所从事的职业时，才能敬重自己的事业，并为之而自豪，才能以恭敬之心履行自己的职责，对学生、对事业严肃认真，专心致志、兢兢业业、恪尽职守。

（2）理想上教书育人

教师爱岗敬业要体现在培养学生具有符合社会要求、适应时代发展的综合素质。在开发学生的潜能上，使每名学生的个性都能得到充分发展。爱岗敬业不仅仅表现在关注学生的学习，千方百计提高学生的学习成绩上，更要体现在注意培养学生具有良好的思想品德上，体现在教学工作中的教育性，体现在关心学生的内心世界上。学校教育的根本就是"以德育人"。教师爱岗敬业不仅要教会学生做事，更要教会学生做人，要培养学生形成做人、做事所应具有的良好品德。

（3）态度上认真负责

中国古代著名思想家朱熹曾强调："敬业者，专心致志以事其业也。"教师对待工作、对待学生的态度是教师爱岗敬业的直接体现。教育工作的对象是人不是物，容不得半点疏忽；教育的影响触及心灵，容不得丝毫大意；教师要对学生的成长负责，要对学生的发展负责。教育过程中的任何轻率、差错和随意性都会给学生造成不良的甚至是终生的影响。因此，教师必须在态度上对所从事的教育事业认真负责。

（4）实践中的爱岗敬业

①乐业

教师的乐业是建立在对自己所从事的教师职业的积极态度、浓厚兴趣和深深热爱的情感基础上的。乐业是教师高度爱岗敬业的基础，乐业的基础在对教育工作、对学生由衷的喜爱，不计较自己的得失，为学生的每一点进步而兴奋，他们属于情感型的爱岗者。

②敬业

敬业是教师在对自身职业理想思考上形成的积极态度。所以，敬业型的教师能够对教师职业的性质、社会意义及个人发展意义有清晰的认识，能够树立起自己的世界观、人生观、价值观，以认真负责、一丝不苟、作风严谨作为自己的工作准则。由于

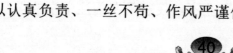

懂得自己的职业在整个社会中的价值，敬业的教师会有高度的职业责任感、事业心，以及崇高的职业理想，他们基本属于理智型的爱岗者。

③勤业

勤业体现了教师对工作的基本态度和履职程度，勤业的教师总是脚踏实地、勤勤恳恳、尽职尽责地做好本职工作。他们不求名，不图利，献身教育、献身学生的精神值得我们敬仰，他们属于态度型的爱岗者。

④精业

精业是教师爱岗敬业能力方面的具体体现。一方面要求所有教师必须精通业务，具备扎实的教育教学岗位基本功；另一方面要求教师在教育岗位上具有创新能力。现代社会的教育对教师提出了更高的职业要求和能力标准。世界各国的教育实践证明：教育是一项具有较强专业性和教育能力素质要求的活动，教师只有刻苦钻研业务，具备扎实的基本功和比较高的教育教学能力，才能真正实现精业、实现教师的职业价值。

教师的劳动"产品"要求教育教学工作的全面性和高质量。教师的精业要求对不同性格、不同爱好、不同条件的学生因材施教，发展各种类型学生的个性，充分调动学生学习与探索的积极性，精业型教师应属于创新型的爱岗者。

17. 教师要有爱岗敬业与创新奉献精神

目前，随着知识经济时代的到来和科教兴国战略的实施，对教师的理想信念、敬业态度、道德情操、文化学识等都提出了更高要求，因为教师的综合素质会对学生产生直接或间接的影响，决定着教育的成效。如何迎接未来教育的挑战，不断提高自身素质，是每一位教育工作者，尤其是党员教师，应该认真思考并探究和实践的一个时代命题。

党员教师应是不懈追求、真才实学的楷模

教师的主要职责是育人，育人者必须具有育人的素质和能力。概括来说是必须具有培养学生德、智、体、美等全面发展的师德、师智和师能，教师不能仅满足于先学于学生，而是必须不断加强学习，加强自身修养，坚持终身接受教育，做到"学教、能教、善教"。教师，特别是党员教师，在学生的心目中是一切美好的化身和可资效仿的榜样，教师只有始终保持这种高度，学生才会对教师产生信任感。而现今是一个知识信息高速发展的社会，只有具备了学习的能力，具备了可持续发展的能力，才能获得生存的社会位置，也才能够真正起到示范表率作用，更何况"学海无崖"。

所以，党员教师要想在学生心目中树立良好形象，首先就要对自己"高标准，严要求"，不断完善自身知识结构。由于教学不仅要求教师承担理论知识的教学，而且要求教师能够进行相关技能的教学，如果教师能够达到"双师型"的标准，那么一定会达到自己的教学效果。当然光有知识、能力，不讲究方式、方法也是不行的，对于党员教师来说，应该注重因材施教，对教学方式不断进行研究和改革。因此，教师不但要培养自身勤奋学习的能力，还要把这种学习能力无私地传授给自己的学生，再辅以正确的教学方法，才能适应新时期的教学需求。

党员教师要有崇高的理想和强烈的创新意识

教师的使命就在于用自己的心灵和人格魅力去影响学生思想，用对事业和对学生的爱去唤醒学生的求知欲与创造力。很难想象，一个没有高尚品德的教师能教出拥有高尚情操的优秀学生；一个缺乏敬业精神的教师能教出对祖国、对未来有高度责任心的学生；一个人格不健全、心灵不美好的教师能培养出身心健康、德智体全面发展的学生。在学校学习阶段，对学生影响最大的莫过于教师，"身教重于言教"，教师的言行举止、兴趣习惯和对事物的好恶等，都无时无刻地影响着学生。

因此，教师特别是青年党员教师，一定要树立崇高的理想，应该"吾日三省吾身"，自勉自励，尽心于自己热爱的事业，并体现出党员的先锋模范精神，只有具备了这些，才能以自身的人格去影响学生，也才能够完成教书育人的使命。

另外，党员教师还要有强烈的创新意识、创新思维和创新能力，应该从传统的知识传授者变为学生探求知识的引路者。因此，党员教师要以培养学生创新意识和创新能力为己任，并具有勇于创新的品质，彻底改变"以教师为中心，以课堂为中心、以教材为中心"教学模式，不断探索出新的教学方法和手段，使教学活动真正成为活跃学生思维，启发学生思维和激发学生创新的过程，使每一个学生个性得到充分发挥，创新的激情不断得到激发，并逐步形成敢于创新的个性品质，最终成为社会所需的真正人才。

党员教师要有爱岗敬业、乐于奉献的精神

教师必须热爱本职工作，要有崇高的责任感和事业心，因为不热爱教育事业的教师是培养不出热爱学习的学生的。在当今市场经济的条件下，教师的价值取向必然会受到社会生活变化的冲击，最突出的就是崇高的历史责任感与现实的功利主义之间的矛盾，我们万万不能简单地把商品等价交换的原则与教师崇高的追求等同起来。

市场经济从来就不是指导人类社会生活的普遍、唯一的准则，作为一名党员教师，不能为追求收入而淡化了自己最根本的职责，而应该将自己看成是过去与未来的中介人，是克服人类缺点的最重要的社会成员。社会衡量教师价值的标准应是，教师到底培养了多少对社会做出杰出贡献的人才，因此我们一定要把目光放得更远。

为祖国育才、为人民造福是"做个好老师"的出发点和终极处，是教师人生观和价值观的至高点，教师不能在工作中有半点懈怠和敷衍，而应当把它看作甘愿为之付诸一生的事业，用自己的人格力量去教育学生、感化学生，实现自己在党旗下的庄严宣誓。

党员教师要以宽容、理解的心境，平等地对待学生

教师是培育人、塑造人的"灵魂工程师"，必须要对学生充满深厚的情感和关爱。"好教师"应该既是学生的教师，又是学生的朋友；应该走进学生，了解学生，不断关心他们、爱护他们、帮助他们、指导他们；应该立足本学科，既传授知识，又教会做人，点点滴滴，潜移默化。每一个学生都有自己特定的背景，都有与众不同的兴趣、特长。

因此，作为一名教师，要尊重学生自身的选择，使之萌发内在的责任感，真正清楚学习是自我完善的过程，这样他们才有可能不断地反省自我、修正自我、完善自我。

在教学过程中，更应建立起一种新型的师生关系——教师不是绝对的权威，而是和学生平等的交流者，是和学生共同探求真理的伙伴，课堂教学中应充分体现出平等性和民主性。

在这种平等、民主的氛围中，师生之间更便于交流，教师也能更充分地挖掘和调动学生的主观能动性，使学生的创新精神在自由的空间内得到发掘，实践能力得到加强。韩愈在《师说》中就提出了"弟子不必不如师，师不必贤于弟子"的先进师生观，只要教师教育得法，学生完全可以超越教师。因此，对于教师来说，要摆正位置，尽力引导并帮助学生培养自我发展的能力，帮助他们树立自信心，把学生的进步、成功看作是教师的光荣。

"教育是事业，事业的意义在于献身；教育是科学，科学的价值在于求真；教育是艺术，艺术的生命在于创新。"作为党员教师，一定要发扬老一辈教育工作者的优良传统，努力按照"志存高远、爱国敬业，为人师表、教书育人，严谨笃学、与时俱进"的要求，以学生的发展为本，建立起新型的师生关系，在全社会树立起当代人民教师的崇高形象。

18. 教师要爱岗敬业爱学生

教师是以高尚的师德、超人的才情、深厚的才学为基础，升华而成的具有感召性的人格魅力和精神气质。主要有两点：

一是认真严肃、敬业爱生的教育精神。

二是宽广厚实、多才多艺的学养才能。

而爱岗敬业，教书育人，为人师表，这是社会对教师职业道德的最基本的要求，也是师德的核心内容。

教师首要的是爱岗敬业

爱岗敬业是社会主义职业道德最基本的要求。敬业，就是以极端负责的态度对待自己的工作。爱岗，就是热爱自己的工作岗位，热爱自己的本职工作。每一位干部、教师、职工只有爱岗敬业，造福社会，为实现中华民族的伟大复兴贡献自己的力量，就会促进国家昌盛，民族富强。

爱岗是敬业的前提，敬业是爱岗情感的进一步升华，是对职业责任、职业荣誉的深刻认识。不爱岗的人，很难做到敬业；不敬业的人，很难说是真正的爱岗。所以，不论从事任何工作，只要我们认真负责，精益求精，不辞辛苦，就是一位爱岗敬业的人。

教师爱岗敬业是做好教育工作的基础，教师的敬业精神，直接体现在对教育事业精力的投入。从爱业到乐业，是一个教师将自己的工作视为职业到视为事业的飞跃，实现了从必然王国向自由王国的过渡。由此可知，敬业是一个人民教师从事教育教学、履行教书育人工作的原动力，爱岗敬业是对一切职业的共同要求，教师职业自不例外。所谓干一行，爱一行就是此意。没有爱岗敬业的精神，一切都无从谈起。因此，爱岗敬业是师德的基础。

教书育人是教师的天职

爱岗敬业是师德的基础。教书育人是对教师这一特殊职业的专业要求，它是教师工作的具体内容，育人表示一个教师教书育人的水平。教师必须不断地学习方能胜任教师工作。因此，要坚持继续学习，坚持终身受教育。

当今的时代，人们只有具备了学习的能力，具备了可持续发展的能力，才能获得生存的社会位置。教师要把自己的学生培养成为全面发展的有用人才，就必须把书教好。这就要求教师要具有渊博的知识。选择了教师职业就选择了艰辛和挑战。教师要有进行教育所需的扎实而宽厚的基础知识和专业知识，要透彻地懂得所教学科的内容。

通常说："教师要给学生一杯水，自己必须有一桶水。"所以，教师要不断学习，不断开拓，更新自己的知识；另一方面要从生活中汲收一切养分，然后把这些养分传递给学生。此外，教师要把教书育人放首位。教书育人是教师的天职。教书是手段，育人是目的。以情育人，热爱学生；以言导行，诲人不倦；以才育人，亲切关心；以身示范，尊重信任既是教师的道德行为准则，又是教育的艺术。

教师对事业的忠诚，不能仅仅把教书看成谋生的手段，而是要以教书育人为崇高的职责，并能从中享受到人生的乐趣。教师要以自己的真诚去换取学生的真诚，以自己的正直去构筑学生的正直，以自己的纯洁去塑造学生的纯洁，以自己人性的美好去捕绘学生人性的美好，以自己高尚的品德去培养学生高尚的品德。

因此，教师在任何时候都不能忘记，自己不单单是为教书而教书的"教书匠"，而应是一个教育家，是人类灵魂的工程师，目的在于培养学生的共产主义世界观和道德觉悟。这就要求教师，必须全面贯彻党的教育方针，坚持以德育为首，做到既教书又育人。教师有责任、有义务从现在做起，通过学习，不断提高自身的从教素质，特别是依托自己的专业，学习一些相关学科的知识、技能，做一个高素质的学生可以信赖的教师。

教师要爱学生，为人师表

注重自我塑造、遵循规律、为人师表是教师提高教育能力的原则和方法。教师要根据学生的身心发展规律和认知规律，有的放矢地进行教育工作，做到晓之以理、动之以情、导之以行、持之以恒，要通过自己的榜样、模范、表率作用去感染每一个学生，教育每一个学生，对学生施之以潜移默化的影响。

为人师表是师德意识的实践化过程，是师德活动的体现，是重要的行为准则。教师自身须具备较高的道德水准，而且既要言教，又要身教，身教重于言教。这无疑也对教师提出了更高的要求。教师要"为人师表"，核心是树立正确的世界观、人生观和价值观；要特别强调教师的自重、自省、自警、自励、自强，以身作则，言行一致。要学生做的，教师首先要做到；禁止学生做的，自己坚决不做，在行动上为学生做出表率。

教师的工作对象是学生，学生是国家未来的建设者和接班人。对于这样的特殊群体，我们在工作中要充满"爱"。"教育需要爱，也要培养爱，没有爱的教育是死亡的教育，不能培养爱的教育事失败的教育。"这一教育名言告诉我们，每一位教师要胸怀一颗爱心，用心灵去耕耘心灵，让每一个学生都得到应有的爱。在爱的基础上要真心实意地关心他们的学习、生活和思想。爱，是在平等的基础上善待每一个学生，不会因为学习成绩的好坏与家庭背景的不同而区别对待学生。

在教师的心里，教好每一个学生是教师的天职。教师应胸怀博大，容得下性格脾气各不相同、兴趣爱好各有差异的学生。教师不仅是学生的良师，也是慈爱的长者，更是学生的知心朋友；教师不仅要关注学生的学业成绩，更要关心学生的思想品德与行为习惯，更要把学生的喜怒哀乐、寒暑冷暖放在心间。

教师要给学生以充分的信任，在学生犯错误的时候，要相信学生会自觉改正。教师不能只看到学生的现在，更应关注学生的将来，从而利用现在为学生将来的发展打下良好的基础。教师既是学生现在的引路人，也是学生未来发展的设计师。

教师爱学生也体现在教师的亲和力上，教师的亲和力本质上是一种爱的情感，只有发自肺腑地爱学生，才能真正地亲近学生、关心学生，才能激发学生对真理的追求。教师亲和力的核心是民主平等的思想，把学生当作自己的亲密朋友，才能帮助学生改正缺点，才能尊重他们，才能控制自己的情绪，做到以理服人、以情动人。教师只有善于发现学生优点，才能始终微笑地面对每个学生，并热情地关注他们的成长。教师亲和力的目标是个性发展，教师拥有较高的亲和力，才会拥有宽广的胸怀，因而能够理解学生的兴趣爱好，允许学生发展自己的特长，并真诚地帮助他们获得成功。

　　教师要与学生平等相处，尊重学生、信任学生、爱护学生、保护学生，这是教师做好"育人"工作的前提。教师对学生的爱，既是敬业精神的核心，又是教师高尚品德的自我表现；既是育人的目的，又是教师职业的具体表现。

　　爱岗敬业的精神是师德的基础。教书育人是对教师这一特殊职业的专业要求，所以它是师德的载体，而为人师表是社会对教师这一职业所承担的职责具有的特殊性而提出的比一般职业道德更高的要求，是教师的人格、品行所具有的感召力，是师德的支柱。这样，爱岗敬业、教书育人、为人师表就形成一个有机整体，三者缺一不可。

19. 教师要爱岗敬业尽职尽责

中小学教师在爱岗敬业方面的职业道德要求是："爱岗敬业。热爱教育、热爱学校、尽职尽责、教书育人，注意培养学生具有良好的思想品德。认真备课上课，认真批改作业，不敷衍塞责，不传播有害学生身心健康的思想。"

爱岗敬业是社会主义职业道德最基本、最起码、最普通的要求，是社会主义职业道德的基础和核心。爱岗，就是热爱自己的工作岗位，热爱自己的本职工作。敬业，就是敬重自己从事的事业，专心致力于事业，千方百计将事情做好。

教师怎样才能爱岗敬业，尽职尽责

（1）要树立全心全意为学生服务的思想

爱岗敬业的精神，实际上就是为学生服务精神的具体体现。教师只有在自己的工作岗位上，尽职尽责，全心全意为学生服务，爱护学生，学生才能在快乐中成长。

（2）要忠于职守，要求在职教师坚守岗位

教师不仅要尽心竭力，无论遇到任何困难，都要锲而不舍，积极面对，想办法克服，锐意创新，一丝不苟，出色地完成本职工作。作为教师，还要忠诚党的教育事业。

（3）要做好本职工作，做到干一行精一行

当前科技发展日新月异，对每位教师的业务水平、技术素质、工作能力都提出了很高的要求，教师必须熟悉本职业的基本性质和要求，熟练掌握本职业的业务和基本技能。如果没有干一行、精一行的精神，得过且过，马虎应付，很难想象这样的人会做好本职工作。

高尚的思想道德素质

教师是塑造学生灵魂的工程师，常言道"学高为师，德高为范"，身正品端的思想道德素质是对一个中小学校教师的基本要求，教师的思想、意识、品德、行为等都会对学生产生深远的影响。因此，教师首先必须具有高尚的思想道德素质。

（1）要有坚定的政治素质

教师要想用正确的理论引导学生，首先自己必须要成为正确理论的坚定信仰者。在任何时候、任何情况下，教师都应热爱祖国，拥护中国共产党，认真学习领会党的路线、方针、政策，具有坚定的政治立场、正确的政治观点、强烈的民族自豪感和政治责任感。这样才能帮助学生用科学的世界观和方法论去认识、分析和解决现实生活中遇到的各种问题，并在教学实践中自觉地做到自我完善。为此，教师必须加强对党的方针、政策的学习，不断加强自己的理论修养，树立正确的世界观、人生观和价值观。

（2）要有强烈的社会责任感

教育事业是一种与人类的前途和命运息息相关的社会活动，而教师作为教育的主体，担负着培养德、智、体、美全面发展的社会主义合格建设者和可靠接班人的历史重任，这就要求教师必须具有强烈的社会责任感和使命感，具有忠于党和人民教育事业的事业心、热爱学生的高度责任心、为人师表和不断进取的上进心。教师也只有具有了强烈的社会责任感和使命感，才会敬业、乐业、勤业、精业，才会关爱学生，才会诲人不倦。

（3）要有乐于奉献的敬业精神

敬业是职业道德的核心，任何行业都离不开敬业精神，教师的职业特点更是要求教师必须具有乐于奉献的敬业精神。不仅把教师这一职业当作谋生的手段，也要将其视为自己的事业，为事业心甘情愿地奉献，这是超越功利层次的敬业精神。只有具有敬业精神，才能产生发自内心的情感，包括献身教育事业的志向，对教育事业具有强烈的使命感与责任感，对教师职业具有高度的自豪感，才能把国家和社会的希望内化为自己的人生追求，把教育作为一门科学去探索和创造。

（4）要有良好的职业道德素质

教师要有良好的职业道德素质，要对事业，忠诚热爱；对工作，精益求精；对学生，真心热爱；对同行，团结协作。

精湛的业务素质

古人云："师者，所以传道授业解惑也。"这就要求教师必须具有精湛的业务素质。

（1）精深的专业知识

教师的专业知识是教学能力的基础，是履行教师职责的基本条件。教师只有掌握了精深的专业知识，并能做到举一反三，触类旁通，运用自如，教学才能得心应手。不仅如此，教师还要了解、掌握本学科的最新发展动态，拓宽教学视野，不断更新和完善自己的知识结构。当今世界，科学技术日新月异，新知识、新技术层出不穷，新信息、新观念迅速传播，这就要求教师必须与时俱进，勤于钻研，勇于探索，开拓进取，善于接受新观念，勤于吸取新知识、新信息，使自己始终站在知识的前沿，只有这样才能满足青年学生对新知识的追求。

（2）渊博的综合知识

要培养学生的全面素质，教师必须首先具备全面素质，必须具有高层次的人文素养和科学素质。科学素质是指教师的专业知识水平，人文素养乃是指教师的精神世界及其兴趣、爱好、品格等。从另一方面讲，在信息时代，学生思想活跃，兴趣广泛，有着强烈的好奇心和求知欲，接触知识的渠道也空前广泛，只有具备渊博的知识，教师才能满足学生的要求。因此，在精通专业知识的前提下，教师还应积极拓宽自己的知识面，不断提高知识储备，以不断满足学生的求知欲望。

具有教育能力素养

能力素养是个体顺利完成某项教学任务，影响教学效果的基本素养。作为教师，除具备一般的观察能力、思维能力、记忆能力之外，还应具备教材分析和创造能力、言语表达能力、组织管理能力、教育科研能力、"教书育人"能力、洞察学生心理能力、社交能力、合作协调能力等。

健康的身心素质

中小学教师从事的教书育人工作都是繁重的劳动，需要脑力和体力的双重支出，健康的身体和心理素质是教师正常工作的重要条件。

（1）健康的身体素质

教师具有健康的身体素质，才能精力充沛、从容不迫地面对日常工作和来自学生及社会各方面的压力，才能适应教师的工作强度，才能拥有充沛的智能，开展富有创造性的教育活动。

（2）良好的心理素质

教师作为学生心理行为的引路人，要对学生进行心理教育，自己必须具有良好的心理素质。教师应自信，热爱教育事业，对未来充满信心；具有较强的适应性，能适应环境的变化，不迷惑，不彷徨；具有和谐的人际关系，能有效地解决各种矛盾和问题；具有坚强的意志，教育学生有耐心、有毅力，面对困难不消沉。教师在学生面前，要明辨是非，正视自我，乐观上进。做到自重、自爱、自强、自立，塑造良好的教师形象，从而起到"润物细无声"的教育作用。

必备的外在素质

教师的外在素质主要指教师的风度仪表、外在的精神风貌。实现中华民族伟大复兴的希望在教育，教育振兴的希望在教师。新时期，学校教师必须全面提高自己的思想政治水平、职业道德、业务素质，主动适应21世纪学校教育的要求，承担起教书育人、管理育人、服务育人的重任，这是素质教育的需要，也是教育改革和发展的需要。

20. 教师要用敬业精神推进素质教育

当今世界，科技发展突飞猛进，综合国力竞争日趋激烈，教育在综合国力的竞争中处于基础地位。综合国力的增强越来越取决于劳动者的素质，取决于各类人才的质量和数量。实施素质教育需要高素质的教师，高素质的教师需要有较强的敬业、乐业精神。

教师的敬业精神就是对自己所从事的专业发自内心的体认和崇敬。它是一个教师全面发挥自己能力的重要条件，是教师履行职责，努力克服一切困难，出色地完成本职工作的内在动力。它促使教师不是把教师工作视为一个谋生存的职业，而是把它当作自己毕生奋斗的事业，它要求教师自尊、自爱、自强、自重，做有理想、有作为的人。只有教师具备了敬业精神，才会有乐业的态度。

一个人一旦投身教育事业，就必须不为物欲左右，不为名利所动，做到淡泊明志，宁静有为，耐得住寂寞，在平凡的工作中实现自己的人生价值。

时代的机遇与挑战需要教师的敬业精神

全面推进素质教育的基本保证是建设高素质的教师队伍，历史将我们带进了 21 世纪，国家的富强，民族的振兴，需要数代人为其努力奋斗，教师既是伟大事业的献身者，又是千百万社会主义事业建设者的培养者。从这个角度来看，教师的素质高低是国家兴衰的关键所在。素质教育要求教师不仅要有扎实的业务功底，而且要具备较强的教育教学和科研能力，成为一专多能的研究型教师。因此，教师要"求道"，即追求真理，这是历史的必由之路；要爱国，这是中华民族永恒的民族精神；要修德，就是要加强思想品德修养，陶冶高尚的道德情操；要践行，即通过行为养成教育，在实践中体现修身成果。这一切，归根结底，就是要求教师为教育事业奋斗终生，要求教师的敬业精神永远贯穿始终，做到"春蚕到死丝方尽，蜡矩成灰泪始干"，做到矢志不渝的永恒的敬业精神。教师只有"金针度人"，把自己一生的真才实学传授给学生，才能达到"吹净黄沙，尽是金"的目的。

受教育者的心理现状迫切需要教师的敬业精神

学生群体总体上是求学上进的，但是他们目前的心理状况不可忽视：

①渴求知识与厌学情绪的矛盾。

②择业中理想与现实的矛盾。

③传统与现代之间的矛盾。

④享受与付出之间的矛盾。

部分学生存在享乐意识，缺少脚踏实地、吃苦耐劳的精神。表现为对所学知识不求甚解，只求知其然，不求知其所以然，懒于动手，平时不愿"播种"，只想收获，不愿付出，只想享受，出现付出与享受之间的矛盾时，一些学生持享乐主义观。当出现这些情况时，就需要教师用自己的行动、表现来教育感化学生，使他们形成正确的世界观、人生观和价值观。

因此，教师在教育教学中应做到以下几点：

第一，将传统观念和现代价值观念相结合。主张在无私奉献的前提下，获得自己的报酬，倡导奉献精神、公仆精神，弘扬共产主义思想品德。

第二，树立市场经济的法制观念和以诚实守信、公平竞争等态度才能在竞争中取胜的观念。

第三，加强学生的无产阶级世界观的教育，树立正确的人生观，突出爱国主义、集体主义、为人民服务的思想。帮助学生从科学理论高度把握人生价值观的实质，培养学生的社会责任感。

进取的创新意识是敬业精神的不竭动力

创新意识，简单地说是一种创新意向，即具有了强烈的"想和做"和"探索未知"的心理冲动，它是由创新需要、创新动机、创新兴趣、创新热情、创新信念、创新理想等有机构成的主体创新倾向。创新意识是师生进行创新活动的出发点和内在动力，是从事创新活动的积极性源泉。

敬业精神的发展也要靠创新。每一个具有创业精神的从业人员都要把创新意识印入头脑中，发扬探索精神，开展创新活动，只有深入实际、不断地探索和创造，才能在市场经济的大潮中激流勇进，才能使所敬之业获得长足发展，才能使敬业精神绵延不断、发扬光大。惟有树立创新意识，教师的工作、事业才能向更加合理、更加科学的层次攀登，敬业精神才能不断得到发展！

总之，在当前的形势下，教师只有具备崇高的敬业精神，才能推动教育教学的发展，才能加速素质教育的前进，从而获得灿烂的春天！

铭记：

教师，我们所选择的崇高职业！

育人，我们所承载的终身使命！

21. 教师要以爱岗敬业实现争先创优

教师劳动岗位的平凡

教师的劳动从来没有轰轰烈烈、动人心魄的宏大场面，总是在默默无闻地、一点一滴中进行，教师劳动十分繁重，它难以有严格的时空界限，是一种周期长、见效慢的劳动，它没有"立竿见影"的效果，没有令人羡慕的地位和权利，没有显赫一时的名声和财富，也没有悠闲自在的舒适和安逸。只有不求闻达，不慕名利，不慕富贵，甘为人梯，乐教勤业，以平常人的心态高高兴兴的心情去做实实在在的事情；还有崇高而伟大的敬业精神；更有安于平凡，淡泊名利，育人为乐，尽职尽责的工作态度。

教师的神圣职责

教师的本职工作或基本职责是教书育人，因此教书育人也就成了"爱岗敬业"规定了的教师应当履行的道德义务。能否自觉承负这一道德义务，是衡量师德修养优劣的重要标准。

首先要坚持面向全体学生。作为一位教师，只有爱护、教育的义务和责任，没有喜欢一部分，歧视另一部分的权力，教师就是一位多孩子的母亲，每个孩子都应拥有母亲的爱，爱要洒向全体学生。

其次是要坚持促进学生在德、智、体等方面的全面发展。学生在教师的教育下，成为全面发展的人才。

近几年，我国的教育专家一再呼吁：学校轻视教育要出"次品"，轻视体育要出"废品"，轻视德育要出"危险品"。因此，教师要促进学生全面发展，培养学生的自主学习能力和自我发展的能力。

作为教师，只有让学生"学会学习"，他们才能在未来社会中拥有独立生存的能力。让学生"学会学习"，是当前教育教学改革的一个重要课题。当学习成为第一需要，知识成为生命价值，创造成为人生最大快乐的时候，学生就拥有了在社会生存的真正资本。

教师要爱岗敬业

谈到尽职尽责，笔者认为教师的爱岗敬业，最终必须落实在教师认真负责、精心施教的工作态度上。教育过程中的任何轻率、差错和随意性，都会给学生造成不良的甚至是影响其发展的不良影响。教师应当科学施教、勤奋钻研。同样的一节课，同样是 45 分钟，教师是否认真，是否全身心地投入，教学效果各不相同，学生的受益情况也不一样。因此，教师要时刻不忘责任，出色地完成本职岗位上的教育教学工作。

教师应有道德素质

勤奋钻研、科学施教是教师应有的道德素质。一个爱岗敬业的教师，既依靠经验教书育人，又会着力总结教育规律，并按照教育规律的要求科学施教；无论备课、上课，还是批改作业、管理班级，都要将自己的教育行为置于科学认识的观察之下，进行科学的规划、组织、实施，因材施教。显然，教师的工作不仅有一个态度问题，而且包含着探索科学、追求最优教育效果的主体性要求和有效的教育方法。换句话说，教师的敬业精神作为一种道德选择，它体现着动机与效果统一的综合追求。

爱岗敬业的意义

（1）爱岗敬业，是时代对教师的基本要求

依法执教作为教师职业道德修养的一部分，是做好教育工作不可忽视的重要内容。在教育日趋法制化的当代，依法执教不仅具有职业道德意义，同时也是教育自身得以更好发展的内在需求。这是因为教育是造福于人类的事业，其存在和发展不只是满足社会的需要，而且与人的发展、与人的主体价值的实现密切联系在一起的。

教育对社会需要的满足总是以人的发展、人的主体性增强来实现的，即人是教育过程的主体，强调教育过程对人的发展性，对人的关心、爱护，对人格的尊重；反对教育过程对人的压抑，反对对人的精神和肉体的中伤、对人格的污辱和伤害，认为污辱、折磨、体罚无疑是对学生精神和肉体的摧残，是一种非人道的教育。

教师作为一个教育工作者，在教育法制化的时代，已不仅仅是一个教育者，而且是教育内部的一个重要的执法者。只有依法执教，才能争取教育社会地位的保障，才能自觉维护和保障受教育者的合法权益，培养出适应当代社会发展需要的现代化建设人才，推动我国现代化事业的发展。

社会上的每一个行业都提倡爱岗敬业、无私奉献的精神，教育也不例外。教书育人一事，看似简单，实则繁难。要使一个自然人完成社会化，要把一个平常人造就成一个有用之才并使之学会创造幸福、享受幸福，需要经过复杂的过程。

因此，教育过程具有长期性、复杂性，教师的担子非常重。这就要求教师应以锲而不舍的精神，循循善诱、诲人不倦，着力雕塑学生的心灵，引导学生自我发展，勤奋努力。正如许多有经验的教师所说的，教育无小事。教师的爱岗敬业精神在大多数情况下不是通过大是大非问题的处理来体现的，而往往是于"小事"上显风格，于细微处见精神。教师在具体细致甚至琐碎繁杂的事务上的工作态度、工作方式，可以更全面、更深刻地反映其敬业精神，体现其工作态度。

另外，教师的爱岗敬业不单是对本职工作有一个积极的态度，更表现在对学生的爱上。教育是培养人的事业，教师是培养人的专门劳动者。如何对待所培养的对象，是教师这一行业古今不尽的话题。

千百年来，对这一问题的思考和探索，衍生出一种崇高的教师职业道德，这就是热爱学生。随着社会的发展，这一道德要求已被视为当代教师应具备的职业品质。正像苏联教育家赞科夫所说的那样："当教师必不可少的，甚至几乎是最主要的品质就是热爱儿童。"热爱学生作为一种教师职业道德规范，是由我国社会主义教育的性质所决定的。它不仅体现了素质教育所倡导的新型师生关系，而且包含了教师对学生的一种深厚关怀和期待，反映了我国教师在师生关系上所具有的高尚精神境界。

（2）团结协作、为人师表，是新时期教师必备素质

现代社会工作的复杂性、要求的精确性及日益增强的效率意识，都向人类提出了一项新的合作能力——团结协作。团结协作一直是中外教育史上普遍被关注和倡导的一种教师职业道德规范。它是处理教师个人与集体、同事、家长等各方面关系，做好教育工作的重要保证。

教师的劳动方式从微观上看是个体式的脑力劳动，从备课、上课、作业的布置与批改、课外辅导到学业成绩的检查与评定，从教学工作到教育工作，从每一门课到每一节课，都是每个教师单独进行的，体现出教师劳动的鲜明个体性。

　　而从宏观上看，教育则是一项复杂的系统工程。在现代社会中，一个人的成长，需要许多人从多方面、多角度、多侧面实施全方位立体交叉式的教育。就学校教育内部而言，任何合格人才和劳动者的培养，都是教师群体劳动的结晶，都是教师群体共同协作的结果。群体性和协作性是教师劳动的又一基本特征。

　　因此，新时期的教师必须要具备团结协作的能力。在与同事相处时，要真心相待，平常时相敬，困难时相帮。要严以律己，宽以待人。不妄议他人是非短长，善以他人之长补己所短，不以己长非人所短。善于心理沟通，勇于自我批评，谦虚谨慎，不骄不躁，坦诚持重，平等待人，从而建立起和谐的人际关系。除在校内搞好团结外，教师在校外也要搞好团结，尤其要注意与家长搞好团结，平常与家长建立广泛的联系，以便能经常通过家长，了解学生的思想、言行和学习状况，并争取家长的配合，共同教育好学生。

　　教师不仅要教书，更要育人，以自己优良的品德去教育和影响学生，可以说教师的人格品行一直作为一个重要的教育因素在教育过程中潜移默化地发生着作用。作为文明信息的使者，在新的历史阶段，教师更应注意为人师表，严格要求自己，从思想作风到生活作风，从言行到举止，从心灵到外表，都应体现教师应有的文明风度和良好精神面貌，以带动社会对教师职业的特殊要求，这也是从师立教的根本前提。

（3）自励自强、开拓创新，做新时代的弄潮人

创新是一个民族进步的灵魂，是一个国家兴旺发达的不竭动力。只有拥有创新精神的民族才是最具发展力的民族。我们的教育必须努力把"创新"两个字注入学生的精神内核，培养其创新意识，启迪其创新思维，发展其创新能力，进而培育出创新性的人才。陶行知先生说："要想学生好学，必须先生好学。唯有学而不厌的先生才能教出学而不厌的学生。"

同样，要想培养出创新型的学生就必须具有创新型的教师。如今素质教育把培养创新精神和实践能力作为重点，正是反映了时代的要求。不仅仅是教师需要有创新能力，应该说创新精神和创新能力已成为未来每一个工作者的基本素质要求，如果说工业经济时代能够按照规范完成任务就算合格工作者的话，那么在知识经济时代，还要求工作者有新思想、新创意、新建议，不断有所发现，有所前进。这也进一步说明了教师肩负的创新责任多么艰巨和紧迫。

因而，每一个教育者都应切实转变教育观念，从自身的教育和发展入手，自励自强，开拓进取，做创新型教师。教师的自我完善和发展必须从更新观念着手。所有的教师应当清醒地认识到当前经历的科技革命正带来一场知识革命，使知识结构发生了变化，知识更新速度不断加快，知识总量急剧增加。

据查，现在知识更新的周期已经缩短为2~3年，网络技术的更新周期也越来越短，而且知识转化为实际应用的周期也相应地缩短了。面对如此严峻的形式，要想不被时代的车轮辗于轮下，教师必须不断地学习，及时接受先进的思想，从多方面

充实自己、改造自己，才有可能在激烈的社会竞争中立于不败之地。

对于教师来说，师德修养是一个永恒的话题。时代发展了，社会进步了，教师的道德修养也要随着发展和进步。今天，教师处在了新的历史环境中，肩负着新的历史使命，会不断地遇到和提出新的问题。每一位教师只有努力地解决所有问题，加强师德修养，才能与时俱进，登上一个个新高峰。

总之，人类已迈入一个新的世纪。新的世纪、新的历史时期呼唤教育的飞速发展，呼唤德才兼备的高素质的新型教师，以适应社会发展的需要。

1. 勤奋是敬业的基础

贪图安逸将会使人堕落，无所事事会令人退化，只有勤奋工作才是高尚的，才能给人带来真正的幸福和快乐。可以肯定的是，真正的成功是不会落在玩世不恭的人身上的。世界上到处是一些看来很有希望成功的人，在很多人的眼里，他们能够成为并且应该成为这样或那样非凡的人物，但是，他们最终并没有成功。原因何在呢？

原因在于他们没有付出与成功相应的努力。他们希望取得理想的成就，但不希望越过那些艰难的梯级；他们渴望赢得胜利，但不希望参加战斗；他们希望一切都一帆风顺，而不愿意遭遇任何阻力。

懒惰的人常常抱怨，自己竟然没有能力让自己和家人衣食无忧；勤奋的人会说："我也许没有什么特别的才能，但我能够拼命干活以挣取面包。"

许多人都抱着这样一种想法：我的领导太苛刻了，根本不值得如此勤奋地为他工作。然而，他们忽略了这样一个道理：工作时虚度光阴伤害更深是你自己。一些人花费很多精力来逃避工作，却不愿花相同的精力努力完成工作。他们以为自己骗得过领导，其实，他们愚弄的只是自己。领导或许并不了解每个员工的表现或熟知每一份工作的细节，但是一位优秀的管理者很清楚，努力最终带来的结果是什么。一个人的品性是多年行为习惯的结果。行为重复多次就会变得不由自主，似乎不费吹灰之力就可以无意识地、反复做同样的事情，最后不这样做已经不可能了，于是形成人的品性。

因此，一个人的品性受思维习惯与成长经历的影响，他在人生中可以作出不同的努力，作出善或恶的选择，最终决定其一生的品性。

如果你永远保持勤奋的工作态度，你就会得到他人的称许和赞扬，就会赢得领导的器重，同时也会收获一笔宝贵的财富——自信，对自己所拥有的才能赢得一个人或者一个机构的器重的自信。

2. 勤奋能够创造机会

在人才竞争日益激烈的职场中，怎样才能获得成功的机会呢？是依靠对工作的抱怨、不满、拖拉和偷懒吗？如果你始终把工作当作一种惩罚，那么你永远都不能获得成功的机会，甚至你可能连目前这份你认为大材小用、埋没了你的才华的工作都保不住。

要想在这个人才辈出的时代走出一条完美的职业轨迹，唯有依靠勤奋的美德——认真地对待自己的工作，在工作中不断进取。

华勒是堪斯亚建筑工程企业的执行副总，几年前他是作为一名送水工被堪斯亚一支建筑队招聘进来的。华勒并不像其他的送水工那样把水桶搬进来之后就一面抱怨工资太少一面躲在墙角抽烟，他给每一个工人的水壶倒满水并在工人休息时缠着他们讲解关于建筑的各项工作。很快，这个勤奋好学的人引起了建筑队长的注意。两周后，华勒当上了计时员。当上计时员的华勒依然勤勤恳恳地工作，他总是早上第一个来，晚上最后一个离开。由于他对所有的建筑工作如打地基、垒砖、刷泥浆等非常熟悉，当建筑队的负责人不在时，工人总喜欢问他各种问题。一次，负责人看到华勒把旧的红色法兰绒撕开包在日光灯上，以解决施工时没有足够的红灯来照明的困难，负责人决定让这个勤恳又能干的年轻人作自己的助理……而现在他已经成了企业的副总，但依然特别专注于工作，从不说闲话，也从

70

不参加到任何纷争中去。他经常鼓励员工学习和运用新知识，还常常拟计划、画草图，为员工提出各种好的建议。只要给他时间，他可以把客户希望他做的所有的事做好。

华勒没有什么惊世骇俗的才华，他只是一个普普通通的送水工，但是凭着勤奋工作的美德，他幸运地被赏识，并一步一步地成长。没有什么比这样的故事更让人心灵震颤的了，也没有什么比它更能洗涤我们的心灵。它告诉我们，要想在这个时代脱颖而出，你就必须付出比以往任何时代更多的勤奋和努力，拥有积极进取、奋发向上的心，否则你只能由平凡转为平庸，最后变成一个毫无价值和没有出路的人。

所以，不管你现在所从事的是怎样的一项工作，不管你是一个水泥工人，还是一个学校教师，只要你勤勤恳恳地努力工作，你就是成功的，就是被人认可的。

3. 怎样成为一个勤奋的教师

敬业的教师不论从事什么样的工作，都能任劳任怨、勤勤恳恳地工作。因为敬业的教师必然具备勤奋的职业道德。

敬业的教师最直接地体现就是勤奋，当然不是所有的勤奋都体现为敬业，只有一贯的勤奋才能体现敬业，敬业的教师要专注于工作，勤奋工作是首要的因素，更是敬业的基础和依托。

学校的正常运转需要每一位教师付出努力，教师的勤奋刻苦对学校的发展极其重要。只有那些在艰苦求索过程中付出辛勤劳动的人，才有可能取得令人瞩目的成就。

要想成为一位勤奋的教师，需要做到以下几个方面。

（1）牢记自己的梦想

只有给自己一个奋斗的理由，才能坚定信心，锲而不舍。有太多的人只是为工作而工作，如果讨厌履行责任，或者是不愿接受惩罚，这种思想注定了只会偷懒和拖拉。而如果你把工作当成实现梦想的阶梯，每上一个阶梯，就会离梦想更近一些，就不会觉得痛苦，相反会很快投入工作中。

（2）学会用心工作

专注的教师不仅要勤奋工作，而且要尽善尽美地完成工作，还必须用眼睛去发现问题，用耳朵去倾听建议，用大脑去思考、去学习。

但是，勤奋工作不是机械地工作，而是用心在工作中学习知识，总结经验，努力提高工作质量。

（3）自己奖励自己

勤奋总与"苦"和"累"联系在一起，如果长期处于苦和累的环境中，你可能会厌倦，甚至放弃。所以，适时地奖励一下自己是非常重要的。当自己掌握了一种好的工作方法，或工作效率得到了提高后，不妨去看一场向往已久的演出，或为自己准备一顿丰盛的晚餐。这样的奖励往往会使你更加努力地工作。

勤奋并不是要求一刻不停地干，把自己弄得精疲力竭只会导致效率低下。所以，工作累了的时候不妨花上几分钟的时间放松一下，给自己紧张的大脑"换换档"。

（4）成功之后还要继续努力

勤奋通向成功，而成功很可能会成为勤奋的终点。成功之后就不再努力的例子并不鲜见。很多人凭借着勤奋努力终于被领导提拔和重用，就觉得该放松一下了——为自己之前辛苦的工作寻找补偿，结果退到了那种好逸恶劳、不求上进的生活中。在取得了一个小目标的成功之后，专注的人要向自己的大目标迈进，告诉自己还有更加美好的前途在等着自己，使自己继续勤奋，永往直前。

4. 如何训练勤奋的势态

笔者认为，凡勤奋工作的人有以下特点：

①能在任何地方工作；

②对工作的需求有自己的看法；

③有主动精神；

④总觉得时间不够用；

⑤使用表册或记事本，尽量节约时间；

⑥知道在工作后能达到什么样的目的；

⑦把工作与休息交叉进行；

⑧不喜欢闲着，不喜欢无所事事；

⑨工作有动力。

可以利用以上特点来进行勤奋的学习与训练。

5.坚持不懈地努力工作

在获得成功之前，可能会经历无以计数的失败。这时要抱定坚持不懈的决心，不断地激励自己"再来一次"。越是困难时期，越要坚持不懈，成功往往就在于比别人多坚持一会儿。困境是成功和失败的分水岭。大多数人在面对困难时会很容易地放弃自己的目标，而成功者却在困境中一如既往地坚持着自己的目标，他们获得了厚报，既有金钱也有荣誉。

坚持不懈地付出努力，是取得成功的不二法门。

6.执着地坚持自己的目标

敬业的教师长期默默无闻地沉浸在枯燥的教学工作中，具有非同一般的韧性，不会半途而废，或者功亏一篑。

坚持不懈的韧性是敬业的教师的共同特征。敬业的教师也会有某些弱点和缺陷，然而困难与失败不足以使他们放弃，不管是怎样的艰难困苦，都能始终坚持不懈地继续追求自己的目标，以争取最后的胜利。

在一些组织中，一些成员颇有才华，具备成就事业的种种能力，但往往一遇到微不足道的困难与阻力，就会立刻放弃。久而久之，他们就养成了逃避工作困难的习惯，见困难就退缩，只想做一些简单的工作。

而敬业的教师总是执着地坚持自己的目标，竭尽全力，毫不惧怕失败。正是这种追根究底、不达目的绝不罢休的精神，令别人对他们刮目相看，自己也在事业上小有所成。

所以，困难和挫折并不可怕，可怕的是一遇困难就临阵脱逃，不能坚持下去，并想办法解决。其实，只要我们坚持不懈地努力，让挫折变坦途，目标指日可待。

7. 勤奋工作的动力是什么

一个立身于世的人，应该树立起自己的信仰。简单地说，信仰就是你对自己生命的看法——就是人活着的意义究竟在哪里，生命的意义究竟是什么？有人认为人生的意义在于吃喝玩乐，有人认为是成为与自己崇拜的偶像一样的人，还有人认为是充分施展自己的所有才华和潜能。无论怎样的信仰，你必须做出决定，选择与自己人生信仰匹配的合适职业。

有人曾问过这样一个问题：今天的年轻人求职时，最容易犯的错误是什么？对这一问题的回答多数是：不知道自己想干什么。这一回答也许会让人惊诧不已，但事实正是如此。想想看，一个人花在影响未来命运的工作选择上的精力，竟比花在购买一件穿几年就会扔掉的衣服上的心思要少得多，这是一件多么奇怪的事情，尤其是当他未来的幸福和富足全部依赖于这份工作时。

因此，人的一生必须要为自己的职业做出重要的决定，这些决定将深深地影响你的一生，对你的幸福、收入、健康及人生意义产生巨大的影响。

8. 力争做到立即行动

爱岗敬业的教师不仅在工作过程中要自始至终专注地工作，更重要的是要抢在前面，做好投入工作前的一切准备工作，只有准备充分了，才能专注工作，否则挂一漏万，工作就很难进行下去。因此，爱岗敬业的教师不仅是上课时走进教室，还必须做好充分的准备工作。当然，一旦上课就必须立即开始教学工作，无论是准备工作还是实际工作，以求更快更好地完成教学任务。

在现代的职场中，很多人在接触某项工作时，总是思前想后，却不能立刻行动起来。久而久之，就形成拖延的习惯。一个不能准时完成工作任务、随意拖延工作期限的人就是一个不专注的人。因此，在树立教师敬业精神时，应培养其说做就做并全力以赴投入工作中的雷厉风行的行动习惯。

具有敬业精神的教师不管从事什么工作，都能抓住工作实质，当机立断，采取行动，不论做任何事都不会拖延，因为他们深深地意识到：做比什么都重要。

无论你有多么美好的理想，如果不能全力以赴地采取行动，一切都不会成为现实。拖延是行动的敌人，克服拖延的最好方法就是行动，只有立即行动才能将人们从拖延的不良习惯中拯救出来。

9. 少说闲话多做实事

在忙碌的工作之余，说几句闲话，可以活跃办公气氛，放松一下疲劳的大脑，但是闲谈要有原则，莫论人是非，制造流言蜚语，尤其是对同事的恶性讽刺和挖苦。类似的闲话对开展工作是毫无益处的。

虽然论人"非"的不良习惯不必背负法律上的责任，也不会受到道德的谴责，但却极不利同事之间开展工作。

很显然，在办公场所，同事们的坏情绪很容易会把你的好情绪破坏无存，甚至因此而发生争执。这样非常不利于保持同事之间团结和谐的关系，妨碍了工作的开展。

因此，职场中人应少说闲话，多做实事。缓解工作压力的方法有很多，在别人背后恶毒讽刺挖苦是最愚蠢的一种方法。

10. 做一个勤俭节约的教师

节俭既是节约资源，降低成本的需要，也是一个优秀教师应该具备的基本素质和文化。

如今一些学校提倡：节约每一分钱，每一分钟，每一张纸，每一度电，每一滴水，每一滴油，每一块煤，每一克料。要知道节俭是一种财富，是一种智慧。节俭是世上所有财富的真正起始点。

无论学校是大是小，使用公物都要节省。具有成本意识，懂得为学校节约的教师，才能为学校的发展作出贡献。

一个从小处着眼为学校着想的教师，肯定能在其他方面为学校着想，这样的教师当然也就是能为学校谋发展的人。

一个优秀的教师应能自觉养成节俭的良好习惯，这对于学校的发展和个人自身的发展都是有益的。

11. 以勤补拙勤奋工作

一个人在工作中勤奋追求理想的职业生涯非常重要。享受生活固然没错，但怎样成为有价值的职业人士，才是最应该考虑的。一位有头脑的、智慧的职业人士绝不会错过任何一个可以让他们的能力得以提高、让他们的才华得以展现的工作机会。尽管这些工作可能薪水微薄，可能辛苦而艰巨，但它对我们意志的磨炼，对我们坚韧性格的培养，是我们一生受益的宝贵财富。所以，正确地认识自己的工作，勤勤恳恳地努力去做，才是对自己负责的表现。

日本保险行销之神原一平起初的推销业绩很不理想。原一平想用勤奋来弥补自己的不足。为了实现自己争第一的梦想，原一平全力以赴地工作。早晨 5 点钟睁开眼后，立刻开始一天的活动：6 点半往客户家中打电话，最后确定访问时间；7 点钟吃早饭，与妻子商谈工作；8 点钟到单位去上班；9 点钟出去行销；下午 6 点钟下班回家；晚上 8 点钟开始读书、反思，安排新方案；11 点钟准时就寝。这就是他最典型的一天生活，从早到晚一刻不闲地工作，把该做的事及时做完，从而摘取了日本保险史上的销售之王的桂冠。

要想在工作中脱颖而出，就必须付出比别人更多的勤奋和努力，只有保持积极进取、奋发向上的心，才能取得卓越的成就。

12. 克服懈怠的工作行为

许多教师不热爱本职工作，因为他们觉得工作枯燥，自然懈怠工作，不能做到专心致志。无数的职场事例表明，懈怠产生无聊，无聊则导致懒散。世界上没有天生的懒人，人总是期望有事可做。

然而，许多教师都有这样一种想法：工作太单调、琐碎，或是认为工作没有前途等，在各种借口和抱怨下，他们便开始懈怠工作，对工作缺少兴趣，最后形成了懒惰的恶习。

敬业的教师对工作尽心竭力，从不松懈对工作的干劲，以专业致胜，力求把工作做得更好。

懒惰之人的一个特征是懈怠逃避。而对一个渴望锦绣前程的职场人来说，懈怠最具破坏性，也是最危险的恶习，它使人根本无法把精力集中在工作上，一旦开始推诿懈怠，就很容易变成一种根深蒂固的恶习，而且这种恶习很难根除。

习惯性的拖延者通常也是制造借口与托辞的专家。很显然，如果存心推诿逃避，把"工作太困难，太费时"等种种理由合理化，要比相信"只要我全心全意地工作，就能完成任何工作"的念头容易得多。

在许多组织里，很多成员把懈怠工作当成司空见惯的事。其实，懈怠是人的惰性在作怪，每当自己准备专心工作时，就会找出一些可以安慰自己的借口，很难把全部精力用在工作上，积极主动地面对挑战，在惰性的"泥潭"里不知所措。

　　实际上，懈怠工作是对惰性的纵容，一旦形成懒惰的恶习，就会消磨人的意志，逐渐对自己失去信心，怀疑自己的能力，怀疑自己的目标，甚至会使自己的性格变得犹豫不决。

　　任何人都要经过坚持不懈的努力才能有所收获，而收获的成果取决于个人对工作的敬业程度。

13. 戒掉投机取巧的嗜好

对于世界上的绝大多数人来说，一般都具有正常的能力与智慧。但是，为什么许多人都碌碌无为呢？

这里有一个很重要的原因，那就在于他们不愿意付出与成功相应的努力而习惯于投机取巧。他们希望达到理想的目标，却不愿意付出相应的努力。投机取巧是很多人存在的普遍心态，而成功者之所以成功的秘诀就在于他们能够超越这种心态。

同样，在工作中投机取巧也许能让你获得一时的便利，但却可能埋下隐患，从工作的长远发展来看，是有百害而无一利的。它只能令你日益堕落，只有勤奋踏实、尽心尽力地工作才能带来真正的幸福和快乐，才能获得成功。

职场中有很多的实例生动地证明了这样一个道理：无论事情大小，如果总是试图投机取巧，可能表面上看来会节约一些时间和精力，但事实往往是浪费更多的时间、精力和财富。

如果教师一旦养成投机取巧的习惯，他的职业素养就会大打折扣。做事不能善始善终、尽心尽力的人，也不会有更大的作为。由于其不能培养自己的个性，意志无法坚定，因此无法实现自己的任何追求。只懂贪图享乐，自以为可以左右逢源的人，最后什么都得不到。

在一个学校里，那些勤奋刻苦，并有较高素质的教师往往会获得更多的机会。

在工作中，只有那些在不断探索的过程中付出辛勤劳动的人，才有可能取得令人瞩目的成就。同样，学校的正常运转需要每一位教师付出努力，勤奋刻苦就显得尤为重要，而勤奋的态度会为美好的前程铺平道路。

在这个世界上，投机取巧永远都不会到达成功的彼岸，偷懒的人永远不会成功。

第三章

教师热忱专注精神的培养

1. 热爱自己的本职工作

优秀教师的成绩始于源源不断的工作热忱，教师必须热爱并专注于自己的工作，愈是喜欢本职工作，成绩就会愈突出。

也许工作中的不快常常会让教师沮丧、受挫，以至于将工作热情消磨殆尽。为此，教师可以按照以下方式调整自己。

（1）以自己的工作和学生为傲。

（2）用自己的热情感染他人。

（3）对自己充满信心。

（4）与对生活充满热情的人交朋友。

当教师和缺乏热情的人为伍时，千万别受到他们的影响，反过来，应想办法鼓励他们，激发他们的工作积极性和热情，当整个职场环境变得朝气蓬勃时，你也会充满热情与活力。

要成为一个优秀教师，就应该热爱自己的工作，对工作充满热情，能够主动地创造性地完成工作，而不是被动地应付工作。教师是否热爱自己的工作，所体现出来的精神面貌是完全不同的，所完成工作的质量和反映出的工作效率也是完全不同的。尤其是在工作中遇到困难时，一个热爱工作的教师就会充分地发挥个人的潜能，创造性地开展工作，克服困难。相反，不热爱工作的教师在平时的工作中只能亦步亦趋地做事，一旦碰到困难，就容易退缩。

一个教师热爱自己的工作，工作时就会积极地发挥主观能动性，同时培养对学校的奉献精神。

专注自己的工作是热爱工作的最好体现，对自己工作不专注的人，谈不上热爱工作，更谈不上成功。

成功来自爱岗敬业。当你集中精神，专注于自己的工作时，你就会发现终将获益匪浅——你的工作压力会减轻，做事更加仔细、认真。对工作的专注，还能促使你更加热爱本职工作，并从工作中找到更多的乐趣。

热爱并专注于自己的工作，把工作当成使命，积极履行岗位职责，你的工作就会变得更有效率，你也更能乐于工作，而且更容易取得成功。

2. 对工作永远充满热情

教师所从事的工作虽然是枯燥的，但是只要保持高度的工作热情，就能最大限度地提高自己的工作效率，才能够获得更多的职业发展。

永远热忱工作是敬业教师的主要表现。他们对工作倾注全部热情，充满活力，能够在工作中得到乐趣。

然而，现在的职场中许多人把工作当成"苦差事"，把工作的价值只停留在报酬的高低上，这样一来就很难持久地保持工作的热情。事实上，没有工作热情的人，不可能专心致志地工作，更不可能获得职业成长。

所以，每个教师都应有恪尽职守的工作态度、强烈的事业心和责任心，积极主动地工作，充满热情地对待工作中的挑战，实现自己的目标。

3. 激情是快乐工作的动力

目前，部分教师在工作中缺乏荣誉感和使命感，甚至有的教师认为，自己的付出和收入不成正比，上好课即可，其他的不用管，于是在工作中经常应付了事，对学校的其他事情不闻不问。

成功与其说是取决于人的才能，不如说取决于人的激情。无论出现什么困难，无论前途看起来是多么的暗淡，一个充满激情的人总是相信能够把心目中的理想图景变成现实。当你兴致勃勃地工作，并努力使自己的领导和学生满意时，你所获得的东西就会增加，你的言行举止就会受到更多人的关注，从而得到别人的尊重。

如果你不能将自己的全部身心投入工作中，无论做什么工作，都可能沦为平庸之辈，而自己的事业也不会获得更好的发展。

工作激情是成就未来的前提，事业的成功，往往取决于做事的决心和热情的工作态度。在工作面前，拥有非成功不可的决心和满腔的工作热情，困难往往迎刃而解，终将取得理想的工作业绩。

凭借对工作的激情，我们可以把枯燥乏味的工作变得生动有趣，又能使自己充满活力，培养自己强烈的事业心，从而获得领导的提拔和重用，赢得珍贵的成长和发展机会。

所以不管从事什么样的职业，要想取得成功，首先需要的就是工作激情。任何人，只有具备了这个条件，才能获得成功。

4.释放自己巨大的能量

对于一个从业者来说，如果失去了热情，那么永远也不可能在职场中立足和成长。凭借热情，从业者可以释放出潜在的巨大能量，挖掘身体的潜力，培养出一种坚强的个性；凭借热情，从业者可以感染身边的同事，得到他们的理解、支持，拥有良好的人际关系；凭借热情，我们更可以获得领导的提拔和重用，赢得宝贵的成长和发展的机会。

在工作过程中，做得最多和最好的那些人，必定热爱生活，热爱工作，做事充满热情。即使两个人具有完全相同的才能，必定是更具热情的那个人会取得更大的成就。

热情一方面是一种自发力量，同时又是帮助从业者集中全部力量去完成某一事情的一种动力。一个人若只是一时热情的话是远远不够的，所以在工作中让自己充满热情，释放自己的能量是必需的。

深入了解每个问题

增强"对某种事物的了解"关键，那就是：想要了解什么事，先要学习更多你目前尚不了解的事。了解越多，越容易培养兴趣。

所以下次你不得不做某事时，一定要深入了解这件事。只有进一步了解事情的真相，才会培养出自己的兴趣。

说些鼓舞的话

鼓舞的话常由教练用来鼓舞球队、业务经理来鼓励推销人员，以及其他人员用来鼓励一个团体。而自己对自己说一段鼓舞的话可以充分激发自己的工作热情，全身心投入工作中。对身边的人多说些鼓舞的话，既帮助到别人，在收获友谊的同时，又能收获帮助别人的成就感，而这种鼓舞能够让人发掘自己的内在潜能，产生强大的正向作用。这既能释放自己巨大的能量，又能帮助他人释放自身的巨大能量，将会大有收益。

及时鼓励自己

及时鼓励自己也就是对人生、对事物、对别人、对自己持怎样的看法和态度。若一个人的思想腐化，热情就缺乏生长和生存的土壤。要改变这种状态，关键的是需要自己作出努力，要不断鼓励自己，给自己打气，常常对自己说："我有幸福、幸运的每一天，我尽全力去做，去争取每一次的机会，而我得到过，今天和明天还将会得到。我的努力可以换得我的快乐与充实。"尝试着用这种方式鼓励自己，才能充满信心与热情投入工作和生活。

要敢于向自我挑战

挑战是前进的动力，又能让自己充满自信；挑战是一种突破，能帮助自己改变现状。

你要向怯弱挑战，变怯弱为无畏；你要向不幸挑战，变不幸为幸运；你要向失败挑战，变失败为成功；你要向贫穷的处境挑战，变贫穷为富有；你要向一切不满意的事物挑战，改变自己的命运，改变自己的世界。

不要急躁

在工作时常常会遇到一些难以处理的事情，这个时候如果你觉得异常急躁，则可对自己说："没什么可急躁的，平静下来。"同时，想一些非常平静的画面或事件，让思绪远离现在的处境，你就会非常有耐心。保持平静，成功的把握也就多了几分。急躁使人偏离正确的判断，容易给人造成不易接近的印象，当你丧失耐心时，同时也丧失了领导对你的支持。不要总是暴躁易怒，暴躁易怒的人，周围的人是绝对不会喜欢的。保持平静心态的另一个诀窍是充满幽默感，善于将尴尬转化为幽默的人不但聪明，而且招人喜爱。

要坚持把话说完

不要虎头蛇尾地做事，说话也应该是这样。与别人交谈时不要只把最后一句话说清楚，会给别人一种有气无力的感觉，甚至使领导怀疑你的工作能力。相反，把话从头到尾讲清楚会使领导感受到你的魄力，认为你很干练，同时也令人感觉到你的开朗性格。

热情地对待工作、对待周围的人，生活肯定也会热情地对待你。那些对工作倾注了全部热情和精力的人，无论工作多么困难，需要付出多大的努力，都会尽心尽力地去完成。这种热情的态度，将是他们纵横职场、取得成功的资本。

5. 以最佳的精神状态工作

精神状态欠佳会影响到正常的工作和学习，而且没有人愿意跟一个整天提不起精神的人打交道，没有哪一个领导愿意提拔一个精神萎靡不振，牢骚满腹的教师。

微软的招聘官员曾说："从人力资源的角度讲，我们愿意招的'微软人'，他首先应是一个非常有激情的人，对企业有激情、对技术有激情、对工作有激情。可能在一个具体的工作岗位上，你也会觉得奇怪，怎么会招这么一个人，他在这个行业涉猎不深，年纪也不大，但是他有激情，和他谈完之后，你会受到感染，愿意给他一个机会。"

以最佳的精神状态工作不但可以提升你的工作业绩，而且可以给你带来许多意想不到的惊喜。

刚刚进入学校的教师，自觉工作经验缺乏，为了弥补不足，常常工作到很晚，斗志昂扬，就算是忙得没时间吃饭，依然很开心，因为工作有挑战性，感受也是全新的。

这种激情四射的状态，几乎每个人在初入职场时都经历过。可是，这份激情来自对工作的新鲜感，以及对工作中不可预见问题的征服感，一旦新鲜感消失，工作驾轻就熟，激情也往往随之湮灭。一切开始平平淡淡，昔日充满创意的想法消失了，每天的工作只是应付了事。既厌倦又无奈，不知道自己的方向在哪里，也不清楚究竟怎样才能找回曾经让自己努力奋斗的激情。

所以保持对工作的新鲜感是保证工作激情的有效方法。可是这并不是一件容易的事，不管什么工作都有从开始接触到全面熟悉的过程。要想保持对工作恒久的新鲜感，首先必须改变对工作只是一种谋生手段的认识。把自己的事业、成功和目前的工作连接起来；其次，保持长久激情的秘诀，就是给自己不断树立新的目标，挖掘新鲜感；寻找机会实现自己的梦想；审视自己的工作，看看有哪些事情还没有处理，然后把它做完……在你解决了一个又一个问题后，自然就产生了一些小小的成就感，这种新鲜的感觉就是让激情每天都陪伴自己的最佳良药。

总之，每天精神饱满地去迎接工作的挑战，以最佳的精神状态去发挥自己的才能，就能充分发掘自己的潜能。你的内心同时也会变化，变得越发有信心，别人也会越发认识你的价值。

良好的精神状态会带给你来巨大的财富，也会让你得到更多的成功机会。

6.努力培养专注的精神

爱岗敬业精神是从业者创造美好前程的根本保证。因此，树立专注的职业精神势在必行，它不仅是现代学校的需要，更是个人事业发展的需要。那么，如何培养自己的爱岗敬业精神呢？首先应该培养自己时刻关注学校命运的意识，把个人的命运与学校的命运连在一起。

当教师选择了一个学校并成为其中一员的时候，这就意味着踏上了一艘驶向成功码头的轮船，包括你自己、学校领导及其他教师都是同一条船上的乘客，在未来的风雨岁月中，水手只有全力以赴地保障轮船的安全，专心致志地使其在航道上平稳行驶，同舟共济，大家才能把握自己的命运。

作为组织的一员，只有与学校同甘苦共患难，才能赢得别人的信任。而且，每个教师只有把学校的命运看作自己人生的命运，才会全心全意地工作，换句话说，只有与学校共命运的人，才能有专注工作的精神，也才有锦绣的职业前程。

每个教师都要全力以赴为学校工作，这是每个教师的责任和使命。一旦一个教师在心里有了这种使命感和责任感，并习惯基于这种理念行事，那么一定会为学校创造最佳效益。

很多行业都充满了残酷的竞争，而且各个行业都进入了微利时代。学校要想取得好的教育质量，必须节约成本。然而，在一些学校里，有的教职工甚至想方设法从中获取私利。

　　只有把学校的命运与个人的命运紧密相连，才能大河有水小河满，否则就是大河无水小河干。

7. 确立毫不动摇的工作目标

作为敬业的教师，他们之所以能始终如一地专注工作，就因为他们心中有毫不动摇的工作目标，并向着这个目标一步步迈进。

纵观古今中外所有的伟人，他们之所以能够成功，就在于他们把自己所有的精力都集中在一个毫不动摇的目标上，坚决抵制任何诱惑自己放弃目标的倾向。

作为教师树立毫不动摇的目标是其成功的唯一捷径。牢牢坚持自己的目标，脚踏实地地工作。

毫不动摇的目标能赋予教师伟大的意义，它能让教师把所有的力量都集中起来。

一个没有目标的人，光是集中精力全力以赴是不够的，永远也不会取得傲人的成绩，因为摇摆不定的人将在职场中迷失自己，使自己越来越弱小，致使无法胜任工作。精力必须集中在某些持续不变的目标上，才可能创造美好的未来。

如今，一心一意做事的人似乎常常受到嘲笑，但令嘲笑者更尴尬的是，走在世界最前列的人却只是那些集中精力追求目标的人。所以，教师在树立专注精神时，应使其有一个明确的目标。而且，目标应根据自己的实际情况而定，不要盲目制定目标。

8. 在平凡中创造伟大

专注的教师能在工作中从一点一滴的小事做起，这一点一滴的小事看似平凡，但一直坚持下去，就会集腋成裘，聚沙成塔，就会从平凡小事中创造不平凡。

在极其平凡的岗位上，往往蕴藏着巨大的机会。只要把自己的工作做得比别人更完美、更迅速、更正确、更专注，调动并发挥自己的潜能，圆满地达到工作目标，就能引起周围人的注意。这样，职场的锦绣前程也会随之而来。

无论你正从事什么样的工作，要想获得成功，就要积极主动地干好工作中的每一个平凡之处，把工作当作自己的事。如果你鄙视、厌恶自己的工作，对它投以"冷淡"的目光，那么，即使正从事最不平凡的工作，也不会有所成就。伟大的成就是要从平凡小事做起。忽视这一条职场规则，永远不可能脱颖而出。

工作本身并不能确定从业者的优劣，但是对于工作的态度却能辨别一个人今后所能取得的成就。所以，不要轻视自己所做的每一项工作，即使是平凡的工作，每一件事都值得你去做，值得你全力以赴，尽职尽责，认真地完成。小任务能够顺利完成，有利于你对大任务的成功把握。一步一个脚印地向上攀登，才不会轻易跌落。

9. 把眼前利益与长远利益结合起来

敬业的教师之所以能够专注工作，主要是能把眼前利益与长远利益相结合，一方面是为了给学校创造效益，另一方面是为了自身的发展。

在竞争激烈的经济环境中，有的教师工作时不能专心致志于本职工作，不能用心做好每一项任务。之所以出现这种现象，很关键的一点就是没有把眼前利益与长远利益相结合。我投身于职场，是为了自己而工作。人生并不是只有现在，而是有更长远的未来。固然，薪水要努力多挣些，但那只是个短期的小目标，最重要的是获得不断晋升的机会，为未来获得更多的收入奠定基础。更何况生存问题需要通过发展来解决，只盯着眼前利益，得到的永远不会太多。

当然，注重现实利益本身并没有错，问题在于现在的年轻人，忽略了专注工作对个人能力的培养，他们在现实利益和未来价值之间没有找到一个均衡点。

所以在工作时，要时刻告诫自己：我要为自己的现在和将来而努力。无论你的收入是多还是少，都要清楚地认识到那只是你从工作中获得的一小部分。应该用更多的时间去接受新的知识，培养自己的能力，展现自己的才华，因为这些东西才是真正的无价之宝。当你从一个新教师成长为一个有经验的教师时，实际上已经收获了成长。

有的教师总是在为自己的懒惰和无知寻找理由。有的说领导对他们的能力和成果视而不见，有的说领导太吝啬，付出再多也得不到相应的回报……没有任何人一开始工作就能发挥全部潜能，就可以出色地完成每一项任务。因此，当你在付出努力时，一定要学会耐心等待，等待他人的信任和赏识，你才能得到重用，才能向更高的目标前进。

如果在工作中遇到了挫折，如果你认为自己的工资太低，如果你发现一个没有你能干的人成为你的领导，你也不要气馁，因为谁都抢不走你拥有的无形资产——你的经验、你的决心和信心，而这一切最终都会给你带来回报。

世界上大多数人都在为眼前利益而工作，如果能很好地结合眼前利益和长远利益，能超越自己，也就迈出了成功的第一步。

10. 永远以专业致胜

敬业的教师在进入职场后，总是不懈怠、竭尽全力地把教学工作钻研清楚，以专业致胜，在工作方面成为行家里手。

然而，有些教师进入职场后，不能专心钻研，总是这山望着那山高，最后养成不安心工作的坏习惯。因此，无论做何事，务必用心做好，以专业致胜。

那么，怎样才能"尽快"在本领域中以专业致胜呢？

（1）选定工作领域

对于新入职场者来说，要根据自己的所学和兴趣选择行业。这是相当重要的一步。因为对工作不感兴趣的人，很难投入全部的精力。而对于老职员来说，最好不要轻易转行，尽量在工作中寻找乐趣否则会中断学习，无法以专业致胜。

（2）专心钻研

每一行都有苦有乐，因此应全力以赴地把精力放在工作之上，广泛吸收这一行业中的各种知识，一方面向同事、主管、老前辈请教、学习，另一方面积极主动地参加专业进修班、讲座等。也就是说，尽可能在自己从事的行业中进行全方位的、深层次的钻研。这样一来，在时代发展的潮流中，就能不断自我完善，不断精通自己领域内的全部业务，从而创造更多的价值。

11. 怎样利用自身的优势

判断一个人是否成功，主要看他是否最大限度地发挥了自己的优势，这也是一个人在职场上成功的重要依据。

敬业本来就是一个教师的最大优势，而且这个优势并非是天赋和特有，只要一个教师愿意专注工作，他都能够做到，并能发挥出爱岗敬业的精神。

每个人都有自己的特长、优势，如果在工作中能发挥自己的优势，做喜欢的事情，必能得心应手。反之，强迫自己干一些干不了的事只能增加失败感，从而对工作失去信心与兴趣，最后导致对工作三心二意。所以如果不能利用自身优势，工作过程自然会很辛苦。

敬业的教师之所以能高效地完成工作，是因为他们知道自己的优势何在，并知道如何运用自己的优势。对于自己具有优势的工作，在做这类工作时很轻松地能将其完成得很好。

12. 如何培养坚韧的性格

富兰克林说："有耐心的人，无往而不利。"耐心需要特别的勇气，对追求的理想和目标全然地投入，需要不屈不挠，坚持到底的精神。这里所谓的耐心是动态而非静态的，主动而不是被动的，是一种主导命运的积极力量。这种力量在我们的内心源源不尽，但必须严格地控制和引导，执着地投入既定的目标中，才具有人生价值。

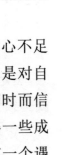

唯有坚韧不拔的决心才能战胜任何困难。一个有决心的人，任何人都会相信他，会对他付以全部的信任；一个有决心的人，到处都会获得别人的帮助。相反，那些做事三心二意、缺乏韧性和毅力的人，很少有人愿意信任和支持他，因为在别人的眼中他可能随时都会面临失败。

许多人最终没有成功，不是因为他们能力不够、诚心不足或者没有对成功的热望，而是缺乏足够的耐心。他们总是对自己目前的行为产生怀疑，永远都在犹豫不决之中。他们时而信心百倍，时而又低落沮丧。这些人可能在短时间内取得一些成就，但是从长远来看，依然是一个失败者。世界上没有一个遇事迟疑不决、优柔寡断的人能够真正获得成功。

成功有两个重要的条件：一是坚定，二是忍耐。通常，人们往往信任那些意志坚定的人。意志坚定的人在遇到困难，碰到障碍和挫折时，不会轻易灰心丧气、一蹶不振。

如果教师言谈举止之中能够做到处处谨慎大方，并能显示忠诚可靠、富有勇气的个性，以及表现出坚韧的性格，这样的人才是许多学校所需要的。没有这些品质，无论才识如何渊博，也无法得到别人的认同。

一位学校领导在描述自己心目中的理想教师时说："我们所急需的人才，是意志坚定、工作起来全力以赴、有奋斗进取精神的人。他们拥有全力以赴的做事态度和永远进取的工作精神。做事全力以赴的人获得成功的概率大约占到九成，剩下一成的成功者靠的是天资过人"。

这种说法代表了大多数学校的用人标准：除忠诚以外还应加上韧性。具有韧性的人能够经受挫折，但有时会因力量不足、能力有限而受阻，而唯有借助韧性，方能立于不败之地。

永不屈服、百折不回的精神是获得成功的基础。库雷博士说过："许多青年人的失败都可以归咎于恒心的缺乏。"的确，大多数年轻人颇有才学，具备成就事业的种种能力，但他们的致命弱点是缺乏恒心、没有忍耐力，所以，终其一生，只能从事一些平庸的工作。有的年轻人一旦遇到困难与阻力，就会退缩，裹足不前，这样的人怎么可以担当重任呢？如果想获得成功，就必须为自己赢得美誉，让周围的人知道，一件事到了你的手里，就一定会顺利完成。

一旦形成了意志坚定、富有忍耐力、做事果断的性格后，无论在哪里，都能找到一个适合自己的职位。与之相反，如果轻视自己，浑浑噩噩地生活，一味依赖别人，那么迟早会被淘汰。

13. 控制情绪保障专注工作

个人情绪总能最影响到工作。而对于一个敬业的教师来说，是善于控制自己的情绪的，他们不以物喜，不以己悲，一心投入工作中，尽量控制情感起伏，尽量减少干扰因素，会达到最佳的教学状态。

只有能恰当地控制自己情绪的人，才能对工作尽职尽责。如果不能控制自己的情绪，就会受情绪的支配，从而不能积极主动地专注于工作。

受情绪控制的人对欢乐和痛苦的体验都比常人强烈，每次情绪在高峰或低谷时都是对其意志的考验。每次面临新的机会时，就意气风发，雄心勃勃；当困难袭来时，马上垂头丧气，在面对巨大的打击和心理落差时容易认输和气馁，以至于他们频繁地更换工作。这样的教师，恐怕没有哪个学校的领导会对他们委以信任和重用。

在现代职场中，很多人之所以从事平凡甚至毫不起眼的工作，很重要的一点就是无法控制自己的情绪。他们每天早上起床，便背上沉重的"情绪包袱"，不难想象，在这种精神状态下工作，怎么不会屡屡犯错。于是，他所抱怨的事情就会连连发生。如此一来，他背着"情绪包袱"进入了一个恶性循环的怪圈。

但是控制情绪并不是抹杀自己的情感，而是要求自己放松情感，不要让情感纠缠自己。控制情绪有两层意思，一是不把情绪带到工作中，另一层是不受外界情绪的干扰。

　　敬业教师除能控制自己不把不良情绪带到工作中外，还能不受外界情绪的干扰，这是能专注工作的保障之一。

第四章

教师自信自强精神的培养

1. 自信是职业的基本要求

自信表明了一种对自我能力、优势的认可与肯定，自信可以使一个人认为自己有能力冒风险，接受各种挑战和工作任务，提出要求并尊重承诺。自信是一个人无论面对挑战还是各种挫折时，对完成一项任务或采用某种有效手段完成任务所表现出来的信念。自信的人通常对自己的各种判断和结论信心十足，在采纳他人建议，接受他人引导和帮助时，也能成就自己。他们敢于承担失败的责任，敢于就工作中的问题向别人提出质疑，他们是职业中的佼佼者，值得每一个人效法和学习。

2. 自信是最佳的工作动力

自信心对一个人的成长有着相当重要的作用，它可以支持强者闯过难关，帮助弱者赢得成功。在一个人的整个职业生涯中，要对工作充满信心，保持热情与精力，这样才会有所成就。

小托马斯·沃森说过："对任何一个企业而言，若要生存并获得成功的自豪感，必须有一套健全的原则，可供全体员工遵循，但最重要的是，大家要对此原则充满自信。"

自信心对一个人的成长有着相当重要的作用。作为一名优秀的领导，要想有效地调动自己的下属，就要让他们在能够产生自我激励、自我评估与自信心的气氛中工作。而作为一个教师，需要对工作充满信心，同时也要在工作中不断成长。

在工作中，坚守个人的行为准则，对自己充满信心，这是一位优秀教师必须具备的基本品质。

3. 自信是成功的阶梯

敬业的教师一心想着实现自己的工作目标，并向着这个目标不断奋斗。当然，在这个过程中，肯定会遇到许多困难和挫折。所以，敬业的教师为了实现工作目标，必须充满信心，憧憬向往，不断追求，勇于拼搏。

自信是对自我能力、优势的认可与肯定，自信可以使教师认为自己有能力冒风险，愿意接受各种挑战和工作任务，提出要求并信守承诺。

自信是敬业的教师无论面对挑战还是各种挫折时，对完成一项任务或采用某种有效方式完成任务时所表现出来的必胜信念。

只要充满自信，就能支撑自己坚持下去。对所做工作有成功的信心，就能坚持不懈地干下去；如果自己的心里都没有成功的可能性，也就不会去坚持。

所以，一个教师对工作不能尽心尽力的最大问题往往是缺乏信心，主要包括"告诉自己做不到""怀疑自己无法获得成功""担心自己会失败""觉得自己没有目标和安全感"等。

一个人的成就，决不会超过他自信所能达到的高度。记住并运用这个规律，即使平凡人，也能做出惊人的成绩来。

4. 怎样培养工作的自信心

不自信源于对自己不满意。对自己不满不一定是件坏事，但如果这种不满影响了你的工作和生活，影响了你的形象和精神，那你就要注意了，它会成为你不自信的根源。产生不自信的原因很多，无外乎客观因素和主观感受两个方面。

客观因素主要包括：自身条件的限制，如学历、身高、容貌、家庭背景、职业环境对你的认同等，这可能在一定程度上影响你对自我的判断，从而影响你的精神面貌、工作能力，最终的结果是影响了领导对你的看法、与同事的关系及个人的升迁之路。

主观感受是指对发生在我们身上的事情的判断和我们对自身的评价，当然主要包括对工作能力、公关交往、外形气质方面的评价，这种评价来源于旁人对你的评价，以及自己与他人作比较等。

对自己的不自信往往源于多年来的"积怨"，甚至是"童年阴影"，要将不自信转化成自信，并非一朝一夕的事，但只要立刻有所行动，积极地从工作和生活中的小事开始做起，定会有所改进，一点一滴地培养出自信来。对此，我们可以通过以下几个方面来做出一些改变，取得一些成效。

对自己有一个正确的评估

评估自己，毫无疑问是以自己内心为标准对自己进行客观、正确的评价，如学历、工作年限、取得的成绩乃至身高、体重、着装等，了解其中的某项能否让你充满信心。

与同事多沟通交流，了解他们对你的评价是否与自己想的一样，或许你会有意想不到的发现。这既能发现自己的闪光点，又能弥补自身的不足。

给自己一个自信的新形象

从形象入手，与年龄无关，自信的人都是美丽的！换一种穿衣风格，换一个时髦的发型，加大走路步伐，加快速度，说话声音大二十分贝，在走廊与旁人热情地打招呼……这是建立自信新形象的开始，领导一定会喜欢，同事也会对你刮目相看，于是，你在别人心中就有了新的形象和定位。

提升自己的工作能力

没有天生的拿破仑，真正的工作能力才是自信自强的基石。

既然选择了目前的工作，就要深入了解本职工作需要何种人才，自己欠缺的能力到底是哪些。可以诚恳地与领导交谈，取得共识。如果你需要补充电脑、英语方面的知识，那就去上补习班；如果你优柔寡断，那就加强心理素质方面的锻炼；如果你是营销人员，可天性拘谨，那么你需要参加各种沙龙活动。最简单有效的方法，就是观察身边优秀的同事、朋友，从他们身上找出自己同他人的差距。

职场上，自信会给从业者真正的力量，是促进从业者发展的推动力，相信不甘于现状的有志青年，都会迈出自信的步伐，迎接更美好的明天。

　　一旦在工作中树立起使命感，你就会主动地为自己找事做，每天都有做不完的事情，你自然就会过得更充实。坚持做下去，你就能发现自己每天都在进步，每天都会感到快乐。

5. 如何提高工作的自信心

对于任何一个人来说，自信是最重要的东西，它是人们从事任何事业最可靠的资本。自信能帮助人排除各种障碍、克服种种困难，能够提高人的核心竞争力，更有魅力。

自信是一种需要积淀和培养的品质，当你成功地做完一件事情时，你的信心就会增强一点，成功的喜悦会使你渴求更大的成功。

比如，你克服了自己的惰性，跑了2000米；又如，你解决了一个困扰自己很久的难题，或者你把领导交给你的任务完成得很漂亮，这都是一些成功的事情。虽然它们微不足道，但如果我们能在小事上经常成功，就会充满成就感，使自己逐渐树立起坚定的信心来。

在充满竞争的职场里，只有自己激励自己，才能更好地迎接每一次挑战。那么如何树立自信心呢？

战胜胆怯退缩

胆怯退缩的人往往是缺乏自信心的人，对自己是否有能力表现或对做某些事情表示怀疑，结果可能会由于心理紧张、拘谨使原来可以做好的事情变得更糟。

比如，有些刚刚毕业的大学生可能有过面试怯场的经历。平时表现不错，但是一遇到比较重大的面试就紧张起来，脑子里一片空白，结果发挥失常，这就是缺乏自信心的集中表现。性格胆怯退缩的人往往就会出现这种情况；而那些自信心强、胆大的性格外向的人，可能越是大场面的面试发挥得就越好，这是因为后者对自己充满信心，而且不瞻前顾后，所有的心思都集中在如何面试上了，所以比较容易发挥水平，甚至超水平发挥。

那么，性格胆怯容易退缩的人在做一些事情之前应该懂得如何鼓励自己，相信自己的能力，发挥自己的水平，然后只要自己去努力做就可以了，抱着平常心去面对一切挑战，一定会取得出色的成绩。

提前做好充分的准备

充满自信心的前提是做好充分的准备工作。如果你要参加一个面试，但是你准备工作不充分，那么再胆大自信的人也不敢认为自己能顺利通过，更何况是一个本来就不自信的人呢？

又如，当你要在许多人的场合举办一个讲座，但是你却没有认真准备，那你在举办之前肯定会对自己能否讲好产生怀疑。所以我们在每做一件事情之前，都应该做好充分的准备，这样就会为自己树立自信心打下基础，为自己取得成功提供可能性。

总结失败教训

在职场中，失败对于缺乏自信的人来说经常是一个沉重的打击。每当面临失败的时候，他们往往垂头丧气、耿耿于怀，这是因为他们总是把失败归结于主观自身的内部原因，即认为自己能力不够，或者认为自己不聪明。这种归因肯定会使他们对自己的能力产生怀疑，对自己的自信心无疑是一个打击。那么在以后遇到类似的任务或者更具挑战性的任务时，这些胆怯退缩的人就会选择逃避、放弃，因为他们曾经失败过，而且失败的原因是认为自己不行，没有能力胜任，这样就会形成一个恶性循环，使胆小退缩的人更退缩，更缺乏自信心，更没有勇气去尝试新的任务。

因此，一个人在失败后及时总结教训，并找到原因是很重要的，它直接影响到一个人对自己的认识，影响到自己对待其他事情的态度，从而可能会对自己处理一些事情的能力产生一定的影响。

扩大朋友圈

缺乏自信的人往往因为胆怯而不敢与人交往，结果仅限于很小的朋友圈子，变得越来越孤僻、退缩。缺乏自信的人很少与人交往，并不是他们自恃清高，相反，他们往往认为自己是不可爱的、不受欢迎的、别人不愿与之交往的。如果他们形成这样消极的自我概念，即对自我的一种否定的认识，那他们在行动上就会有意无意地表现得让人很难接近，很难交往。当你认为自己是可爱的，被别人接受的时候，你就会表现得自信，而自信的人往往是可爱的、人们愿意与之交往的，而交往的人越多，就越会增加他们的自信，从而在别人面前就不那么胆怯退缩了。

其实，只要我们掌握了让自己充满信心的方法就肯定能立竿见影树立自信心，这是一个长期努力的过程，特别是对于一个缺乏自信的教师来说，要使自己成为一个敢于尝试新的领域、勇于迎接挑战、自信乐观的人，还需要勇气和持久的恒心！

6. 乐观自信才能排除一切困难

一个优秀的教师，一定是一个乐观自信、坚强的人，肯定自己的优点，遇到困难或挫折时，以积极的心态尽快找出解决问题的办法，而不会自怨自艾。因为他们相信，只有自己对自己充满信心，别人才能对自己充满信心。

一个人只有认识到自己具备哪些能力和技能，认识到自己的兴趣和爱好，才能产生强大的驱动力，抱着不屈不挠的无畏精神，勇往直前，才能获得成功。

所以，无论遇到多大的困难，都不要让消极的情绪左右自己。在任何事业中赢得胜利的人，都具有一种炽热求胜的欲望和乐观自信的心态，而这是走向成功的第一步。

7. 相信并激励自己

在充满竞争的职场里，了解自己的优点和长处，正确地评价自己，只有让自己充满信心，激励自己，才能更好地迎接每一次挑战。

自信不是潇洒的外表，但它会带给你外表的潇洒，这是需要长期坚持的一种生活习惯，它会让你认识自己所扮演的人生角色，自己在哪方面有足够的能力，还有哪方面需要再发掘自己的潜能，这样你就能精神饱满地迎接每一天的到来。

拥有并保持这份自信，你就会拥有发言权，能够表达自己的想法，就会得到发展的机会，就会承担新的更具挑战性的工作，你获得成功的机会也就更大。

卓越的人在成功之前，总是充分相信自己的能力，深信自己必能成功。所以工作时，他们就能全力以赴，直到胜利。

千万不要认为自己能力有限，要深信你永远可以比现在更好，只要你敢于尝试，敢做决定，敢于追求自己的梦想，你就能真正拥有自信，取得非凡的成就。

8. 保持坚韧持久的信心

在这个越来越强调人际交往和互动的现代社会里，凭自己的能力去开辟一个新的生活空间，或者仅仅做好本职工作，就想脱颖而出，是一件很难的事情。唯一的做法是，勇敢地说出和实施自己的想法和主张，然后尽一切可能去影响同事、领导、下属或客户，用自己的言语和行动打动他们，形成一种集体的自信。

不但要做，而且要说

在工作中，该说出自己想法和意见的时候就要说出来，该争取自己利益的地方就该努力争取，该说不的时候就要说不。不必隐瞒自己的观点，要敢于自我表达，直截了当地说出自己想说的内容。结果是，你需要的都会得到满足，你的努力会很快地变成事业上的成就。

而那些缺乏自信不善言谈的人，往往会因为工作量越来越大而不堪重负，业绩会下降或无法按时完成任务，即使工作上有所成就，领导也未必会了解他的工作究竟有多么出色。

在下属面前树立威信

如果你已是一位领导者，在强调人际互动的社会环境下，也不能一味地依靠权力去命令下属，而要依靠自信达到目的，同时也要帮助下属树立自信心。因为，越有自信，责任心就越强，工作效率就越高，失误就会越少。

帮助下属树立自信心的有效方法是让他们产生真正的心理

上的共鸣。记得要给下属一定的空间，让他们说出想说的话，即便不同意他们的意见，也要认真倾听，让他们感受到你对他们意见的重视和对他们的尊重。然后，再负责地同他们讨论甚至争论，这样会使他们感到自己在工作中有举足轻重的作用，他们的信心也会因此而得到加强。

此外，在与周围的人讲话时，语言要尽可能丰富和形象化，需要引起他人注意时要用果断性语言。下达指令时只说一遍，必要时辅助一些强化性的手段，如复述、录音等。特别是在要求大家作出更大的努力和贡献时，要对大家开诚布公，鼓舞大家的士气，这会收到意想不到的效果。

在领导面前保持尊严

同领导交谈时，首先要做到心中有数：自己的工作表现如何，哪些方面做得很好，哪些方面需要改进，这次主要想同领导谈些什么。然后，面带微笑地和他交谈、沟通。当领导需要赞扬时，不要吝惜你的言语，请由衷地赞扬他；回答问题或提出建议时，一定要有理有据，话语不宜过长，尽可能简短地陈述自己的意见；也不要向领导诉苦，该承担责任的地方要勇于承担，该拒绝的地方也要力争维护自己的利益，敢于说出"不"字，当然要注意措词的委婉和理由的充足，让领导信服。

9.不断地激励鞭策自己

　　无论从事何种工作，都要首先确立一个工作目标，如果你并不想从工作中获得什么，那么你只能在漫长的职业生涯的道路上无目的地漂流。只有确立明确的目标，才会有进取的动力。

　　现实中，很多人们在工作中标榜自己努力工作，勤奋学习，但却从来没有一个工作目标，更谈不上职业规划，可以毫不过分地说，个人的发展会因此走更多的弯路。

　　美国通用公司的董事长罗杰·史密斯在进入通用之初，只是一个名不见经传的财务人员。罗杰初次去通用公司应聘时，只有一个职位空缺，而招聘人员告诉他，工作很艰苦，对一个新人会相当困难。他信心十足地对接见他的人说："工作再棘手我也能胜任，不信我干给你们看。"

　　在进入通用工作一个月后，罗杰就告诉他的同事："我想我将成为通用学校的董事长。"当时他的领导对这句话不以为然，甚至嘲笑他自不量力，逢人便说"我的一个下属对我说他将成为通用学校的董事长"。令这位领导没想到的是，若干年后，罗杰·史密斯真的成了通用的董事长。

　　在为工作目标奋斗的过程中，不断地激励自己是必不可少的一项内容。这时的激励，更多的是一种主观的行为，是一种内心的自我暗示。不要只顾自己的眼前利益，而要把目标定位在一个新的高度，朝着目标坚定不移地迈进。

第五章

教师自我管理精神的培养

1. 遵守纪律是敬业的根基

一个团结协作、富有战斗力和进取心的团队，必定是一个有纪律的团队。同样，一个积极主动、忠诚敬业的教师，也必定是一个具有强烈纪律观念的教师。可以说，纪律，永远是忠诚、敬业、创造力和团队精神的基础。对学校而言，没有纪律，便没有了一切。

当学校和教师都具有强烈的纪律意识，在不允许妥协的地方绝不妥协，在不需要借口时绝不找任何借口时，如教学质量问题、对工作的态度等，你会猛然发现，工作因此会有一个崭新的局面。正如伟大的巴顿将军所说：你必须做个聪明人：动作迅速、精神高涨、自觉遵守纪律，这样才不至于在战争到来的前几天为生死而忧心忡忡。你不该在思虑后去行动，而是应该尽可能地先行动，再思考——在战争后思考。只有纪律才能使你所有的努力、所有的爱国之心不致白费。没有纪律就没有英雄，你会毫无意义地死去。有了纪律，你们才真正的不可抵挡。"

对学校和教师而言，敬业、服从、协作等精神永远非常重要。但是，这些品质不是教师与生俱来的，不会有谁是天生不找任何借口的好教师。所以，对他们进行培训和灌输显得尤为重要。

还是来看看伟大的巴顿将军的例子吧。1943 年 3 月 6 日，巴顿临危受命为第二军军长。他带着严格的铁的纪律驱赶第二军，他开着汽车转到各个部队，深入营区。每到一个部队都要啰啰嗦嗦训话，诸如领带、护腿、钢盔和随身武器及每天刮胡须之类的细则都要严格执行。这样，巴顿可能是美国历史上最不受欢迎的指挥官。但是第二军发生了变化，它不由自主地变成一支顽强、具有荣誉感和战斗力的部队。"

巴顿深知，军队的纪律比什么都重要，军人的服从是职业的客观要求。他认为："纪律是保持部队战斗力的重要因素，也是士兵发挥最大潜力的基本保障。所以，纪律应该是根深蒂固的，它甚至比战斗的激烈程度和死亡的可怕性质还要强烈。"巴顿如此认识纪律，如此执行纪律，并要求部属也必须如此，这是他成就事业的重要因素之一。

被人认为有些粗鲁的巴顿并不是强硬的命令者。他从不满足于运筹帷幄和发号施令，他经常深入基层和前线考察，听取部属意见，身先士卒，让部队感受到统帅就在他们中间，从而愿意听从他的命令，愿意服从他的指挥。

2. 自我约束是敬业的起点

对于自我管理的问题，诙谐作家杰克森·布朗曾经有过一个有趣的比喻："缺少了自我管理的才华，就好像穿上溜冰鞋的八爪鱼。眼看动作不断可是却搞不清楚到底是往前、往后，还是原地打转。"如果你知道自己有几分才华，而且工作量实在不少，却又看不见太多成果，那么你很可能缺少自我约束的能力。

在日常管理活动中，有许多禁止、不准和不允许，或者还有一些不主张、不赞同，等等。一直以来人们就认为这些东西应该是生硬的和冷冰冰的。但这样做的效果却未必理想。

一家很有名的法国餐馆里，在大厅里可以见到这样的字眼："服务人员禁止在大厅抽烟、休息，违者记过"，意思固然很清楚，但员工并不喜欢，因为它明显带有不信任、带有强制性，令人压抑。对这家餐馆来说，这样做并不会实现员工的自我管理，可能适得其反。让员工进行自我管理过程中虽然可能无法避免地会出现一些倦怠或低效率的情况，但随着自我管理的不断加强，这种局面终将有所改观，而如果对员工自我管理进行粗暴干涉或听任不管都可能导致混乱。所以，对教师自我管理进行引导的方向和策略，应当成为学校战略规划的一个新的组成部分。

这个时代的许多伟大的思想学说，为管理学的发展开辟了极其广阔的空间。在教师应得到尊重、鼓励，应从工作中得到乐趣和满足这些人性化理念的推行和应用过程中，教师的自我管理也得到了推广。

毫无疑问，一个人的工作态度及他与周围人的关系决定了人的工作效率。自我约束力不强的人，实际上是把好机会一个又一个地浪费掉，而且，最糟的是，他们本身并不知道错过了这些机会。

在工作过程中，大多数人很难在开始的时候，就具备出色的自我管理能力，往往是在经历了他律、协助性自我管理之后，才实现了真正意义上的自我管理。

少年时期，父母与教师负责我们的自我管理任务。大多数人是在督促中完成了自我管理，并不是主动完成学习与生活的任务。虽然那时可能有一些自我管理意识，但尚不具备自我管理能力，督促甚至是强迫则成了必要的手段。

踏入社会，开始了独立自主的生活以后，自我管理回归到独立进行的阶段。虽然有些时候我们仍然需要别人的协助与支持，但更多的是，要依靠自我。这既是个性不断完善的过程，也是我们职业生涯稳步发展所必经的阶段。

当我们意识到自我管理的重要性时，并在工作中加以实现，那么你会发现，自己的生活习惯与工作习惯都因此得到了一定的改善。无论做什么事，都会有条理可循，做事稳重，在同事与领导眼中，你是一个严格要求自己的优秀教师，是一个可以让人放心的人。所以，你的领导会放心地把重要的工作交给你去完成；你的同事喜欢与你共同工作，并会主动与你交往。你的能力在领导交待的任务中得到了锻炼与提高，为你赢得了晋升与加薪的机会；你的人际网络在同事与你的工作过程中得到了扩大，这可能会为你带来许多意想不到的成功机遇。

3. 工作守时是品质的体现

现代生活的快节奏，呼唤着人们的时间意识。守时，理应是现代人所必备的素质之一。但是，不守时的情况经常在我们的身边发生。通知了几点开会，却总有那么几个人迟到；要求什么时间要办完哪件事，到时也总有人不能按时完成……诸如此类事情，屡见不鲜。

如果只是偶尔一次，似乎也情有可原，然而仔细观察一下，就会发现，在某些人身上不守时的事是经常发生的。信息经济时代，时间的价值已远非自然经济和工业经济时代可比。不守时，既浪费了自己的时间，也浪费了别人的时间。

守时就是遵守承诺，按时到达要去的地方，没有例外，没有借口，任何时候都得做到。即便你因为特殊原因不得不失约，也应该提前打电话通知对方，向对方表示你的歉意。这不是一件小事，它代表了自己的素质和做人的态度。如果你对别人的时间不尊重，你也不能期望别人会尊重你的时间。一旦你不守时，你就会失去影响力或者道德的力量。因为守时的人会赢得每一个人的好感。

很多人没有时间观念，上班迟到、无法如期完成工作等，这些都是没有时间观念导致的后果。时间就是成本，养成时间成本的观念，将会有助于提高工作效率，得到学生的尊重和喜爱。

4. 按时完成工作是成功的阶梯

在指定时间内完成教学任务，是教师应主动去做的事，而不是对教师的特殊要求。这样教师在职业生涯中才会获得成功。

面对大量的工作，教师可能感到心情烦闷，情绪紧张，可能会埋怨说："我的工作能力太差，事情总是不能做完，反而日渐累积起来。"实际上每个人的能力都差不多，关键在于怎样处理事情，若你想用最少的时间，做到工作效率最大化，你必须注意下列各点：

①为每件工作定下最后完成的时间,除非在很特别的情况下，不然不要拖延。

②对于不是自己份内的工作，坚决地说"不"字。

③如果你整天的工作排得满满的，应该把一些必须马上完成的事情抽出来，专心处理。

（4）假如你觉得自己的心情不好，应先放下工作，让自己放松身心，待心情好转时再投入工作。

按时完成工作是攀上成功阶梯的重要一步。具体做法如下：

买一本小型的记事簿，最好可以放到口袋里，在课间休息、午饭甚至坐车时，只要想起一些工作上的细节或注意事项，都要立即记下来，每天晚上睡觉前，重新温习一下，按事情的重要性和复杂程度编排成第二天的工作顺序表，把较为复杂又重要的工作放在最前面。第二天，教师就可以按照编排的顺序执行了。

不管教师面对的工作怎样艰巨，都要保持心平气和，集中精力，把自己需要完成的事情做完。

把一个工作划分为几个独立完成的部分，每个部分又分成多个容易解决的步骤，使工作变得有条理，方便自己着手进行。

把已经完成的步骤写下来，再看看还有什么需要改进的地方。

为每一个独立步骤定下最后完成的期限，不论在什么情况下，都不要让自己拖慢工作的进度。

不要只顾工作，要经常反省自己，在反省中不断提高自己，不断修炼自己。

5. 消除与学校相对抗的不良习惯

领导和教师是两种不同的社会角色，只是社会分工不同而已，而且这种角色和分工是自然选择的结果。

在一个有着卓越学校文化和完善激励机制的学校中，教师在享受着学校提供的优厚待遇的同时，也会为学校着想，积极为学校未来的发展出谋献策，积极工作。即使学校一时遇到困难，也会与学校一起同舟共济，渡过难关。每个人都知道，只有上下齐心协力，才能使学校获得良好的声誉。

人的价值之一在于获得尊重，只有互相尊重，才能获得对方的信任，只有互相信任，人生的价值才能得以实现。

教师个人才华的有效发挥越来越离不开学校的支持。只有在学校中找到自己合适的工作平台，才能尽可能地施展出所学与专长。

教师个人的事业发展也离不开学校作为支撑。教师如果处处从学校的角度考虑问题，在工作上竭尽所能，也就有可能在个人的事业发展上有所建树，有所成就。

所以，真正意义上的教师与学校的关系，应是互惠互利、创造双赢的合作者。

对于学校而言，学校的生存和发展需要教职工的敬业精神；对于教师来说，需要的是丰厚的物质报酬和精神上的成就感。从表面上来看，彼此之间存在着对立性，但是在更高的层面，二者又是和谐统一的，学校需要忠诚和有能力的教师，业务才能进行；教师必须依赖工作平台才能施展自己的才能。

6.严格遵守学校的规章制度

在学校里，往往会有一些规章制度挂在墙上，或印成小册子。作为一名教师，应该时时事事遵守这些规章制度。学校制度是学校的秩序和规范，是确保学校有效健康运行的法则，如果法则遭到破坏，就会扰乱学校的正常秩序，学校的健康发展就会受到影响。教师严格遵守学校的制度，有利于学校的正常运行。

任何学校的各项规章制度都不能成为摆设，学校应该以有效的手段保证其得以贯彻落实，一旦发现有人违反规章制度，应当受到惩处。有责任是一种生活态度，作为学校的一名教师，有责任遵守学校的各项规定。

7. 模范执行学校的行为规范

当教师了解了学校的各项规章制度之后，不能忽视它的存在，并且除规章之外，工作中还有许多地方需要注意，特别是教师的行为规范，有的教师的行为会与学校规章相冲突，影响教师的形象，影响其工作，因此必须遵守教师行为规范。

坚持原则

在工作中，如果教师发现学校领导或同事存在个人问题，可能会对学校或行业等造成危害或损失时，一定要勇敢地站出来指正。

努力工作

学校是工作的地方，教师的任务就是努力完成工作，按时完成任务，而不是抱怨自己对工作的不满。教师只有把自己的本职工作做好，在工作中获取经验、积累经验，这才是最重要的。

有集体意识

一个人的力量是微不足道的，众人的力量才能形成坚不可摧的堡垒。学校是一个集体，它需要全体教师团结一致，默契配合，共同协作，才能有所作为。

要有健康的身体

健康的身体是工作的前提，是工作的基石，只有身体健康，才能保证教师正常的生活，正常的工作；如果没有健康的身体，一切无从谈起。

第六章

教师尽职尽责精神的培养

1. 工作就意味着责任

　　每一位教师都应将责任根植于内心，让它成为我们脑海中一种强烈的意识，在日常行为和工作中，这种责任意识会让我们表现得更加卓越。我们经常可以见到这样的教师，他们在谈到自己的单位时，使用的代名词通常都是"他们"而不是"我们"，"他们办公室怎么怎么样""他们财务室怎么怎么样"，这是一种缺乏责任感的典型表现，这样的教师至少没有一种"我们就是整个机构"的认同感。

　　责任感是不容易获得的，原因就在于它是由许多小事构成的。但是最基本的是做事成熟，无论多小的事，都能够比以往任何人做得都好。比如，该到上班时间了，可外面阴冷下着雨，而被窝里又那么舒服，你还未清醒的责任感让你在床上多躺了两分钟，这时你该问问自己，尽到职责了吗？

　　有一个替人割草打工的男孩打电话给布朗太太说："您需不需要割草？"布朗太太回答说："不需要了，我已有了割草工。"男孩又说："我会帮您拔掉草丛中的杂草。"布朗太太回答："我的割草工已做了。"男孩又说："我会帮您把草与走道的四周割齐。"布朗太太说："我请的那人也已做了，谢谢你，我不需要新的割草工人。"男孩便挂了电话。此时男孩的室友问他说："你不是就在布朗太太那儿割草打工吗？为什么还要打这个电话？"男孩说："我只是想知道我究竟做得好不好！"

　　多问自己"我做得如何"，这就是责任。

工作就意味着责任。在这个世界上，没有不需要承担责任的工作；相反，你的职位越高、权力越大，你肩负的责任就越重。不要害怕承担责任，要下定决心，你一定可以承担职业生涯中的任何责任，你一定可以比别人完成得更出色。

世界上最愚蠢的事情就是推卸眼前的责任，认为等到以后准备好了、条件成熟了再去承担才好。在需要你承担重大责任的时候，马上就去承担它，这就是最好的准备。如果不习惯这样做，即使等到条件成熟了以后，也不可能承担起重大的责任，你也不可能做好任何重要的事情。

每个人都肩负着责任，对工作、对家庭、对亲人、对朋友，我们都有一定的责任，正因为存在这样或那样的责任，才能对自己的行为有所约束。寻找借口就是将应该承担的责任转嫁给社会或他人。而一旦我们有了寻找借口的习惯，那么我们的责任心也将随着借口烟消云散。没有什么不可能的事情，只要我们不把借口放在我们的面前，就能够做好一切，就能完全地尽职尽责。

人们习惯于为自己的过失寻找种种借口，以为这样就可以逃脱惩罚。正确的做法是，承认过失，勇于承担责任，并弥补过失。最重要的是要让别人知道你是如何承担责任和如何从错误中吸取教训的。这不仅仅是一种对待工作的态度，也是激励周围的人勇于承担责任的一种方法。

2. 教师应有崇高的责任感

工作就意味着责任，世界上没有不必承担责任的工作。责任是教师的立业之本，是组织最需要的一种精神品质。敬业的教师都具有崇高的责任感，没有责任感的专注或许最终会落得一场空，造成功亏一篑的结局。

敬业的教师具有崇高的责任感，这样的教师主动对自己的行为负责，对学校和领导负责，对学生负责。也只有这样的教师，才能专注于学校的利益，专注于本职工作。

承担责任是一个具有敬业精神的教师勇于负责的表现，但承担责任也要分清责任，不能盲目承担责任，如果争着承担责任，一方面会给责任人带来侥幸心理，另一方面也会给自己带来诸多烦恼。

因此，敬业教师要具有崇高的责任感，除了勇于承担有关工作的责任，更重要的是完成好工作的责任，包括保质保量、高效及安全的工作绩效责任，这才是最崇高的责任。

3. 责任是一种工作态度

一位曾多次受到学校嘉奖的教师说："我因为责任感而多次受到学校的表扬和奖励，其实我觉得自己真的没做什么，我很感谢学校对我的鼓励，其实担当责任或者愿意负责并不是一件困难的事，如果你把它当作一种生活态度的话。"

其实，在很多学校中，都有关于责任感的培养。注意生活中的细节也有助于责任的养成。习惯成自然，如果责任感也成为一种习惯时，也就慢慢成了一个人的生活态度，就会自然而然地去做，而不是刻意去做。当一个人自然而然地做一件事情时，当然不会觉得麻烦和累。

对于承诺的信守，这就是你的责任。一旦你做出什么承诺给别人，别人可能会对你的承诺守信表示赞美，你可能就不会欣欣然而喜，因为你觉得自己本该这么做，这是你的一种生活态度。

当你已经习惯了别人替你承担责任，那么你将永远亏欠别人，你的腰板就永远也不会挺直。所以，把责任作为一种生活态度是最好的。这样既不会觉得责任会给自己带来压力，也不会因为自己承担责任而觉得别人欠了你什么。

尤其是当责任由生活态度成为工作态度时，工作对于自身的意义就不仅仅是赚钱那么简单，也就不会因为学校的规定而觉得自己的自由受到了羁绊，更不会做出违背学校利益的事。

试问：有几个人对租来的车子，会像对自己车子那般细心维护？有几个人在归还租来的车子之前，会把车子洗干净？

责任感有可能就在这样的小事中失掉，责任感也会在这样的小事中建立起来。

当你少一些抱怨、少一些牢骚、少一些理由，多一份认真、多一份责任、多一份主动的时候，你再看看机会会不会来敲你的门？

4. 教师应该勇于承担责任

一个人应该为自己所承担的责任感到骄傲，因为你已经向别人证明，你比别人更突出，你比他们更强，你值得信赖。

一个人承担的责任越大，证明他的价值就越大。所以，应该为你所承担的一切感到自豪。想证明自己最好的方式就是去承担责任，如果你能担当起来，那么祝贺你，因为你不仅向自己证明了自己存在的价值，你还向社会证明你能行，你很出色。

如果你曾经为自己担当责任而感到沉重和压力重重，说明你还没有正确地理解责任的含义。责任意味着勇气、坚强、爱和无私。当你有勇气承担责任时，你正在给予别人爱和无私。难道你不为自己所做的一切感到骄傲吗？如果你有勇气，就把曾经放弃的责任重新捡拾起来，你不会被人嘲笑而会得到他人尊敬。如果你有勇气，就别放弃正压在你身上的责任，如果你能再坚持一下，你就可能获得成功。

如果你有勇气，就应该准备承担将要承担的责任，你会从此明白你存在的价值。还有比担当责任更让人骄傲的吗？很高兴能够为学校承担责任，这会让你觉得对于学校而言，自己并不是可有可无。相信你，你从没有懈怠过自己的责任。

当一个人从心底改变了自己对承担责任的理解，认识到责任不仅是对学校的一种负责，也是对自己的一种负责，并在这种负责中感受到自身的价值和自己所获得的尊重和认同时，他才能从承担责任中获得满足。承担责任努力工作，对自己而言，更多的不是压力而是一种快乐和幸福；对学校而言，这样的教师才是可以真正放心的教师。

5. 教师应该主动承担责任

什么是主动性？就是别人没有告诉你，你正做着恰当的事情。这种对主动性的解释的确很精妙。主动承担责任是快乐的，而被动承担责任总是会生出抱怨和不情愿，就不会有快乐的感觉，因为在这样的人看来，责任就是一种压力和负担。所以，主动承担责任是一种境界。

每一个人都以不同的方式承担着责任，无论是在工作中还是在生活中。在一所学校中，每一个教师都希望自己对于学校而言是不可或缺的。只有当教师在为自己的学校承担责任时，他才会意识到自己在学校中是重要的，他才能真正感觉到自己在学校中的位置。

可能对于很多人来说，如果不给予一定职务或待遇上的承诺，很少有人愿意主动地去承担一些工作，因为做的工作越多，意味着担负的责任越重，做得好一切都会好，做不好就会招致麻烦。所以，他们会认为，只要做好自己的本职工作就可以了，其他的事情能不管就不管、能推则推。

没有哪一位领导会对没有责任意识的教师给予极大的信任，没有多少人可以面临大是大非的抉择，也没有多少人的责任感会经受大是大非的考验，从小事就可以看出一个教师是否真的对学校有责任感，这也是考核教师的一个重要方面。

6.如何培养责任感

对自己的行为负责意味着了解自身的情况，并以此做出优质的抉择，以便取得卓越的成就。不管你喜欢还是不喜欢、愿意对你的行为负责还是拒绝对你的行为负责，都会对你当前的情况及其后续结果产生一定的影响。对你的行为负责还意味着，不管在什么情况下，你都要对自己的思想、情感、情绪和行为承担百分之百的责任。这就是成功人士和希望成功的人士之间的根本区别。

凯文·卡斯曼在他的著作《从里到外的领导》中写道，当你对自己的人生负完全责任时，个人主宰命运的历史也就开始了——你不再依靠任何人来鉴定你是何许人。卡斯曼写道："没有其他任何人能够证明你的价值观是正确的，应该由你自己来提供佐证。领导者可以有效地证明和支持其他人，但条件是他们必须首先证明自己。"所以，为了奠定坚实的人生基础，并在此基础之上铸就自己的人生，请从对自己的行为负责开始吧！这是所有事业有成者的共同特征。

唯一能对你的事业成功负责任的人就是你自己！残酷的生活现实是，谁也不会像你关心自己那样关心你。依靠别人来"拯救"你，只会把你引向倍感挫折的生活境地，并使你养成玩世不恭的处世哲学。人生成功的坦途始于一句话："我有责任心。"当你下次从镜子前走过时，请正视镜子中的你，并说："我是负责任的。"你的行为举止就是一面镜子，你用它向全世界展示自己的形象。如果你已经做到了这一点，现在就请你走出去，创造点什么！

　　"义务"的意思是，为了履行职责而以负责任的方式行事。是内在动力驱使你去实现由你负责的预期目标。责任可以授予其他人，但是义务却不可以由他人代劳。你要对取得了某些成果或者没有取得某些成果负责任。不过，请记住，不管你授予下属多大的权力，结果最终都得由你本人来负责。

7. 坚守自己的责任

责任是对人生义务的勇敢担当，责任也是对生活的积极接受，责任还是对自己所负使命的忠诚和信守。一个充满责任感的人，一个勇于承担责任的人，会因为这份承担而让生命更有力量。

我们每一个人都在生活中饰演不同的角色。

在这个世界上，每一个人都扮演了不同的角色，每一种角色又都承担了不同的责任，从某种程度上说，对角色饰演的最大成功就是对责任的完成。正视责任，让我们在困难时能够坚持，在成功时能保持冷静，在绝望时绝不放弃。

社会学家戴维斯说："自己放弃了对社会的责任，就意味着放弃了自身在这个社会中更好生存的机会。"放弃承担责任，或者蔑视自身的责任，这就等于在可以自由通行的路上自设路障，摔跤绊倒的也只能是自己。

我们从小就被告知，既要坚守自己的职责，也要勇于承担自己的责任，因为在这个社会中，我们必须坚守责任。因为坚守责任就是坚守我们自己最根本的人生义务。

对一名学校的职员来说，责任是什么？责任就是自己所负使命的忠诚和信守，责任就是对自己工作出色的完成，责任就是忘我的坚守，责任就是人性的升华。总之，责任就是做好学校赋予你的任何有意义的事情。

8. 做尽职的教师

"尽职"，就是不以工作简单而敷衍，也不以工作重要而骄傲，以职业为生命，将工作当成需用生命去做的事，并对此付出全身心的努力。尽职所表现出来的就是一个人的职业精神、职业操守、认真负责、一丝不苟的工作态度，即使付出更多的代价也心甘情愿，并能够克服各种困难，做到善始善终。

任何一家想竞争取胜的学校都欣赏尽职的教师。没有尽职的教师就无法给学生提供高质量的服务，也就无法让学校在市场竞争中获胜。在现代职场，一个教师的成功，取决于他的职业化程度。

尽职的教师，不仅仅是为了对上级有个交代，更重要的是，他们把尽职当成一种使命，是一个职业人应具备的职业道德。如果你在工作上尽职，并且把它变成习惯，你会一辈子从中受益。

在职场中，我们时常看到有些教师在工作中偷懒，不负责任，缺少职业精神，更不会把尽职看作是一种神圣的使命。这种不具备尽职精神的教师，很难有成功的那一天。

教师尽职和不尽职是完全不同的，不尽职的教师很难提拔和重用，工作也无业绩可言。而尽职的教师，其职业意识深植在他的脑海里，做起事来积极主动，并能从中体会到快乐，从而获得更多的经验和取得更大的成就。

尽职能够促使教师养成每天多做一点事的好习惯，把额外分配的工作看作一种机遇，当学生、同事或者学校交给教师某项任务的时候，也许正在为其创造一个珍贵的机会。尽职使教师不仅仅想到必须为学校做什么，而更多的是想到教师能够为学校做什么。

当你登上自己的职业舞台，就要尽自己的力量去做好。不管你是从事什么职业，唯有尽职，才能在自己的领域里出类拔萃，才能实现自己的人生价值。

9. 做尽责的教师

几乎所有的学校在招聘教师时，都把责任心当作招聘教师的一个重要标准。

一个没有责任心的教师不会是一个优秀的教师，每个领导都很清楚自己最需要什么样的教师，哪怕你是一名普通的教师，做着最普通的工作，只要你担当起了你的责任，你就是学校最需要的教师。

社会在发展，学校在成长，个人的职责范围也随之扩大。作为教师，不要总是以"这不是我份内的工作"为由来逃避责任，当工作指派给自己时，不妨视之为一种机遇。这个世界需要拥有责任感的人，我们不仅要对自己负责，还要对别人负责，正是责任把所有的人联结在一起，任何一个人对责任的懈怠都会导致整个社会链的不平衡。

学校是一个大家庭，大家有共同的目标和共同的利益。因此，学校里的每一个人都肩负着学校发展的责任。这种责任是不可推卸的，无论你的职位是高还是低。

在一所学校里，教师责任感在很大程度上能够决定一个学校的命运。而教师责任感的缺失往往会成为一个学校运营不善的直接原因。那些缺乏责任感的教师，不会视学校的利益为自己的利益，也就不会处处为学校着想，这样的教师在事业上很难取得卓越的成就。

10. 培养自己的学校主人翁精神

　　学校主人翁的精神是树立专注的职业精神不可或缺的重要方面。无论何时何地，专注的教师总把工作当成自己的事业来经营，时刻以学校的主人身份维护学校的利益。

　　教师只有树立学校主人翁的精神，才会全力以赴地工作。一旦教师把自己当成学校的主人，就会对自己的所作所为负责，持续不断地寻找解决问题的方法，主动克服生产过程中和业务活动中的障碍。也只有这样，才能在学校中脱颖而出。

　　一方面，要以高标准严格要求自己。如果教师把自己当成学校的主人，就一定会提高工作质量与效率，也一定可以找到更恰当的方法来做到这一点。

　　另一方面，把学校的事当成自己的事，全心全意地投入工作中。在现代的学校组织中，工作范围的界定是很模糊的而教师应当把学校的事情当成自己的事情。认真上好每一节课，做好学校的每一件事，保持对工作的热情，为自己注入源源不断的活力，提高自己的工作能力，培养自己的学校主人翁精神。

11. 在岗位要忠于职守

在工作中教师在岗位要忠于职守,努力工作,创造最大价值。其实,这不仅是一种行为准则,更是每个教师应具备的职业道德。可以说,拥有了职责和理想,你的生命就会充满色彩和光芒。或许,你现在仍然生活在困苦的环境里,但不要抱怨,只要全身心地工作,不久就会摆脱窘境,获得物质上的满足。那些非常成功或在特定领域里相对成功的人士,无一例外地要经过艰苦的奋斗过程,这是通往胜利的唯一途径。

精通并尽善尽美地完成一件事,要比虽然懂得十件事,却只知皮毛好得多。

一个成功的学校管理者说:"如果你能真正制好一枚别针,应该比你制造出粗陋的蒸汽机创造得财富更多。"

很多人都有过同样的疑惑,为什么那些能力不如自己的人,最终取得的成就远远大于自己?如果对于这个问题你百思不得其解,那么请认真回答下面的问题,也许你能从中找到真正的答案。

自己前进的方向是否正确?

自己是否对职业领域的每个细节了如指掌?

为了提高工作效率,创造更多财富,你是否经常阅读相关的专业书籍或资料?

你是否理解并认真做到全心全意,尽职尽责?

如果你对上述这些问题的回答是否定的，说明制约你走向成功的症结就在于此。那么，无论从事什么工作，只要你遵循这几点，并且坚持到底，就一定能获得成功！当然，选择的方向一定要正确。

12. 尽职尽责是敬业的土壤

不管做什么工作都需要全心全意、尽职尽责，因为尽职尽责正是培养敬业精神的土壤。如果在你的工作中没有了责任和抱负，生活就会变得毫无意义。所以，不管你从事什么样的工作，平凡的也好，令人羡慕的也好，都应该尽职尽责，在敬业的基础上求得不断的进步。

即使环境很艰苦，如果你能全身心地投入工作，最后获得的不仅是经济上的宽裕，而且还会有人格上的自我完善。

在德州一所学校演讲时，麦金莱总统对学生说："比其他事情更重要的是，你们需要尽职尽责地把一件事情做得尽可能完美，与其他有能力做这件事的人相比，如果你能做得最好，那么，你就永远不会失业。"

尽职尽责！无论做什么事，它对你日后事业上的成败都起着决定作用。

许多学校领导说，他们把任务交给教师的时候，他们总会提出一堆问题。毫无疑问，这样的人根本就不具备尽职尽责的精神。很多人安于现状，不思进取，得过且过，注定一辈子碌碌无为、一事无成，在生活中扮演无足轻重的角色。相反，如果你是一个对工作尽职尽责的人，认真完成学校的各项任务，积极肯干，责任心强，那你很快就会有所成就。

一家家具销售企业的经理吩咐三个员工去做同一件事：去供货商那里调查一下家具的数量、价格和品质。

154

第一个员工 5 分钟后就回来了，他并没有亲自去调查，而是向下属打听了一下供货商的情况就回来做汇报。30 分钟后，第二个员工回来汇报。他亲自到供货商那里了解家具的数量、价格和品质。第三个员工 190 分钟后才回来汇报，原来他不但亲自到供货商那里了解了家具的数量、价格和品质，而且根据企业的采购需求，将供货商那里最有价值的商品做了详细记录，并且和供货商的销售经理取得了联系。在返回途中，他还去了另外两家供货商那里了解家具的商业信息，将三家供货商的情况做了详细的比较，制定出了最佳购买方案。

第一个员工敷衍了事，草率应付；而第二个员工充其量只能算是被动听命；真正尽职尽责地工作的只有第三个人。

因此，无论做什么工作，都要静下心来，脚踏实地地去做，持之以恒地坚持下去，就会取得成功。

13. 创造业绩是敬业的最终目的

爱岗敬业的教师不仅是埋头工作，更重要的是创造最大的经济效益，追求尽善尽美的工作业绩。因为，只有采取最佳的工作方法，才能创造最佳的经济效益。因此，教师在工作时，要研究工作方法，采取开拓创新的方法获取最大的利润。

作为一名教师，应以追求尽善尽美的工作业绩为前提，因为一个以工作业绩为导向的教师，他不会轻易放弃他坚守的信念；在挑战与压力面前，他会勇敢无畏、尽心尽力，并能控制和管理自我。这是那些三心二意、工作散漫的教师所无法比拟的。此外，以工作业绩为导向的习惯让人永远能从工作中体会到快乐。

一个学校要想长期发展，归根到底是依靠不断增长的业绩。因此，一个成功的领导背后，肯定有一队专注工作且业绩突出的教师。没有这些专注的教师，学校的发展就无法继续下去。所以，作为教师，应该全力以赴地工作，并以更高的做事效率完成任务。

教师应该如何提升自己的工作业绩呢？关键是出色地完成每一项工作。无论在工作中，还是在日常生活中，都应有一种全力以赴、精益求精的工作习惯。因为只有教师对自己所做的一切精益求精，才能激发出潜在的能力。坚持下去，教师就能做出令人刮目相看的业绩。

第七章

教师学习钻研精神的培养

1. 如何让自己成为学习型教师

学习型组织的先驱哈瑞森·欧文斯曾这样说："很长一段时间以来，组织的主要目标一直以生产出产品或提供服务赚取利润，但现在，组织更紧迫、更主要的任务就是要成为高效的学习型组织。这并不是说产品、利润就不再重要，而是在未来社会，如果没有持续的学习，组织将不可能赚到任何利润。组织的主要工作是学习，其他工作都靠后排。"

"组织的主要工作是学习"，就是要把工作过程看作是学习过程，通过工作过程中的"反思"进行学习。"反思"就是在发现问题时，主动承担自己的责任，认真总结教训，而不是互相埋怨、推诿。

智慧与我们的反思程度和领悟程度成正比。反思是最重要的学习，是学习的基础。我们做每一项工作首先要有工作计划，编制计划后马上行动，而学习型组织强调计划进程中进行计划反思，通过计划反思修正计划中不妥的地方，执行当中还要有执行反思。接下来是进行文字化，就是把反思后得到的东西写成文字，目的是共享，共享以后的决策是最高水平、更高层次的决策，这就是工作学习的过程。

学习与工作不可分割，应边学习边准备、边学习边计划、边学习边推行。优秀教师的学习更是这样。

学习知识的目的是应用知识，优秀教师的学习不仅是为了知识的储备，而是为了更好地工作。学习是和工作紧密地联系在一起的，学习的知识是和工作密切相关的，它是学习行为全过程和学习与工作相联系过程中的全面的学习能力。这种学习能力体现的是独立自主、自觉主动的学习行为。优秀教师善于从工作中洞察和发现新知识、新技能，了解专业知识和技能发展的新动态，并且能根据工作的实际需要，学习、掌握和吸收新知识、新技能。优秀教师区别于普通教师之处在于他具有很强的学以致用的能力，他们可以将所学知识，正确运用到工作实践，发挥最大的学习实效，取得显著的工作业绩。

优秀教师与学校具有共同的愿景和价值观，认为学校的发展与个人的发展是息息相关的，不再将工作仅视为赚取收入的工具，而是将工作看成是人生有意义的事，视工作为实现自己人生价值的途径，将事业的成功看成是自己最大的满足。所以优秀教师在工作中具有很大的主动性与独立性，他们热爱自己的工作，他们期望工作能获得发展，所以他们在工作中学习。

我们常讲的"批评与自我批评"（善意的），我们经常写的工作总结或事后分析报告，都是对工作的反思，都是一种学习。

一些组织出现了问题，这个部门推那个部门，那个部门推这个部门；两人产生了矛盾，你怨我，我怨你，这显然无助于学习力的提升。出了问题，要各自反思，这个部门要反思自己哪里没有做好；那个部门要反思哪里支持不够；另一个部门也要反思自己哪里配合不到位，怎么调整自己？

在"学习中工作"又表达什么概念呢？在学习中工作就是要把学习和工作一样对待、要求，把学习视为一项必要的工作。

正如杰克·韦尔奇在一次年度报告中说的，"一个组织能不断地快速把学习转换成行动的做法，是它最终的竞争优势。"因此，在一个快速变化的环境里，唯有学习可以对种种变化做出最及时、最全面的反映，学习的速度至关重要！

当代管理大师——美国的彼得·圣吉先生在他的扛鼎之作《第五项修炼：学习型组织的艺术实践》扉页上的那句掷地有声之言令人难以忘怀，"未来唯一持久的优势，是有能力比你的竞争对手学习得更快更好"。比你的竞争对手学的更快、更好，才能在剧烈变化的市场竞争中获得生存和发展。

过去（工业时代）的许多组织存在两种分离，从组织角度看，是工作与学习分离；从个人角度看，是工作与知识分离。工作与学习分离导致组织绩效不能因学习带来改善；工作与知识分离则妨碍了个人的成长与发展。新的学习理念告诉我们，学习与工作是融为一体的，只有将广大教师的价值观、品格、知识结构等方面的素质引导与组织发展相适应，与市场变化相适应，才能取得较大成效。

传统教育的"塑造理论"，最大的弊端在于忽视，甚至是抑制和扼杀人的创新精神、漠视人的主体性。要培养具有创新精神和创新能力的人才，最重要的是培养他们的学习能力和思考能力，因为创新的基础是学习和继承前人的成果，踏着历史巨人的肩膀，而登上创新的阶梯则靠思维和实践。靠死记硬背而成为"知识库"型的人才，不可能有创新能力。当然，缺乏基础知识，沉迷于"异想天开"，也出不了创新成果。只有既善于通过学习继承前人财富，又善于通过学习培养创新能力，才能真正成为创新人才。一句话，只有创新性的学习，才能有望学习后的创新。

知识的积累通过学习，环境的适应依赖学习，创新的起点在于学习，应变的能力来自学习，组织不再是一个终身雇佣的组织，而是一个终身学习的组织，只有通过学习才能善于寻找、转换及创造知识，同时根据新的知识与领悟调整行为，实现永续经营。

2.学习型教师的特点是什么

学习型教师注重学习，而学历型教师看重的是学历。学历本身代表着一个人在某一阶段参加学习后具备了一定的知识。但学习却是一个终身行为，教师通过一段时间的学习有了学历，但如果就此停滞不前、固步自封，不再接受新知识、新技术，仍然有可能被淘汰。一个学校同样如此，只有不断创新、不断完善自己，才有可能适应市场经济，否则就有可能被无情的市场淘汰出局。

作为一名学习型教师，应该具有以下几个特点：

①要有终身学习的意识，并能长期不懈地坚持下去。

②要善于学习。要不断扩展自己的知识面，善于结合工作实际，抓重点、得要领。从本单位、本部门的实际出发，带着针对性和问题去学习，通过学习运用获得的知识去解决实际问题，才可能有实效。不能盲目地学，毕竟人的精力有限，需要学的东西又太多。

③要有实干精神。学习型教师不仅要有理论知识，更要在实际业务上精通，具备一定的实际操作能力，行动果断，自觉发挥好模范带头人的作用，通过一个人带动一片，影响周围的人都来学技术、学操作。

3. 怎样不断地进行学习提高

学无止境！

这不仅对学生如此，对每个教师亦然。学习不是一天两天，或者一个阶段的事情，而是应该贯穿整个工作过程，贯穿整个生命的事情！

刚进学校的教师就好比是野生的花草刚进了花圃，求知学习好比是修剪移栽，修剪是一个长期的、不间断的过程，花草如果长时间不修剪，就会变得杂枝横陈，一个榜样教师如果长时间不学习，大脑就会迟钝，原有的知识就会落伍，原本作为榜样的优势就会荡然无存！

微软在录用员工的时候往往注重的是员工的其他综合能力而不仅仅是一纸文凭，新员工刚入公司，首先被告知的就是：在微软，文凭唯一能代表的就是你前三个月的基本工资。

学习能增长我们的智慧，能更好地与职场飞速发展的趋势相适应。但是，我们需要清楚的是，自己赖以生存的知识、技能会随着岁月的流逝而不断地折旧。在职场中，脚步迟缓的、不愿继续汲取知识的人注定会被淘汰。

对于知识的不断发展、更新，需要从业者与时俱进，不断地学习和提高自身的工作技能，否则就不能跟上职场的发展需要。

学校中的教师，即使是起到表率作用的榜样教师，也必须积极主动地寻求新的知识。面对信息爆炸的知识经济时代，必须广泛接收来自各个领域的信息和知识，只有这样，才能拓宽你的视野，而且培养你良好的市场反馈能力。

说到底，学习能力就是一种工作能力。一个不善于学习的人，一个不知道自己该学习什么的人，往往工作能力也很糟糕。

在现在的职场上，不管你从事的是哪种行业，没有知识总是愚蠢和可怕的，不继续加强知识和技能的深化更是可悲的。因为这将意味着你会丧失继续前进的动力，意味着你很难对周围不断发展的事物进行理性的分析和理解，意味着你将失去人生的方向，逐渐被更多掌握新知识和拥有新技能的人所取代。

一家汽车修理厂的员工都是一些小伙子，平常大家工作之余就在一起喝酒聊天。一天，他们当中来了一个新员工，他除正常地完成工作以外，还总是待在几辆教练车里，东拆拆西动动，而大家出去玩的时候，他却在厂里学习。

"干什么啊？兄弟，难道你想自己开个公司造车吗？"一个伙计劝他说。

新员工只是笑笑，并不说什么，两个月后他已经学完了关于汽车维修的所有知识，被提升为经理，薪水是那些小伙子的几倍。

可他并没有满足，而是继续学习汽车制造的其他知识，并自学外语，每个月还自费去总部参加培训。

又过了半年，他成为了总公司家用汽车生产设计部门的主管，两年以后自己的公司上市，并很快取得了巨大的成功。

是什么让一个小伙计成为一个优秀的企业家？是不间断的学习！

　　学历只代表过去，只有学习可以代表将来，一个优秀的榜样型教师，必定应该是一个善于学习的教师。

　　知识的渊博有助于我们提高竞争力，但是求知却没有一条坦途可走。因此，必须日积月累，勤奋求索。

4. 如何有针对性地进行学习

用锤子敲一块木板毫无效果，可是如果换上一个钉子，用同样的力量，就可以把钉子深深地钉入结实的木板中。

一个人一生不了解的知识浩如烟海，全部掌握所有的知识是不可能的，过于贪多只会嚼不烂，本来想事事精通，最后却事事稀松。那么在学习的过程中就需要有所选择，有针对性地学习某一部分，或者某一方面，从而达到精通的地步。

一个人之所以出色，不是他懂得多，而是他掌握了最有用的东西！

现在的学校内部竞争激烈，每个人都是优秀的人才，人人都在努力学习，想要在高素质、高竞争力的人群当中众人瞩目，难度可想而知！

那么怎样才能突出自己呢？那就是针对自己的强项进一步学习，在这一方面做到最好。

现代学校需要的是专业人才，只要你在某一方面特别出色，就一定能获得更大的竞争优势。

史蒂夫是微软公司举足轻重的人物，但他在电脑方面并不是特别精通。可是比尔·盖茨却为他付出了一年数百万的薪金，很多人都表示不理解。

曾经有记者问过比尔·盖茨："史蒂夫先生不懂电脑，他为何能成为一个软件巨人？"

比尔·盖茨答道："史蒂夫确实不懂电脑，但他的外交语言和风度无与伦比。"外交就是史蒂夫的看家本领，微软的很多商务谈判都离不开他，他是世界上最优秀的谈判专家之一，为微软的软件销售、法律谈判做出了巨大的贡献，这一点是那些精通编程的工程师望尘莫及的。

如果你是一把刀，完全没有必要为了像剑那样两刃锋利而把厚重的刀背也磨成刃，你只要用尽全力学习，磨好属于你自己的一面刃就可以了，使之达到最锋利，同样能使你无坚不摧。

要想有针对性地学习，突出自己的闪光点，以下几个方面是需要注意的：

①切不可随大流，别人做什么你也做什么，那样只能让你的时间和才华浪费在无效率的学习和工作中。

②找出自己最擅长的东西，针对性地学习。首先要了解自己，要发挥自己的优势，把自己的优势做到最好，而不是拿自己的弱势去和别人的强势比较。

③了解学校最需要的是什么类型的人才，学习一些对学校发展有用的知识，把自己的特长和学校的需要结合起来，才会找到自己需要学习的东西，才能找到自己的闪光点。

作为学校里的榜样教师，本身就具备一定的竞争优势，如果再能百尺竿头更进一步，通过针对性的学习来强化自己的优点，在某一方面做到独一无二，无可替代，那么就更加前途无量了。

5. 进行创造性学习的方法

打破常规

每个人都知道钢铁的密度比水大，因此推测钢铁在水中必然下沉就是顺理成章的，甚至我们可以很容易地用实验来验证这一点。然而，如果这个常识占据我们的头脑，并阻碍我们的思维的话，恐怕到今天我们也只能划几只木船来做些短程的航行。

对于绝大多数的人来说，在没有什么利害相关的事情相通时，很容易陷入一种惰性思维模式之中。常识和前人的经验是这种情性思维模式遵循的金科玉律，是它得以维持的原因。在知识快速更新的今天，这种学习方式显然要被淘汰。

创造性的学习，就是在学习和解决问题的过程中，不能拘泥于前人的经验和常识，必须开辟新的道路、寻找新的突破点，必须打破常规，换一个角度来思考。正如歇洛克·福尔摩斯的名言所说："排除了一切不可能的，不管多么荒诞，剩下的就是可能的。"解决问题或达到目标的途径不止一种。爱迪生在发明电灯时经历了上万次失败，但对此他只是淡淡地说，他发现了一万种不能做成电灯的方法。

创造性需要的正是这种态度。这条路行不通，没有关系，换条路试试，总有一条路行得通。古时人们认为人类绝无可能飞起来，因为我们没有像鸟一样的翅膀。但为什么一定要有翅膀才能飞呢？换个角度考虑，飞机终于实现了人类想飞的梦想。

　　不过，我们需要记住的是，换角度思考和开辟新道路去解决问题是需要付出代价的。为什么创造性学习如此艰难？道理很简单，在平时的学习中你只是在做只有一个或有限个答案的选择题，而且答案常常都是现成的，你只需要良好的或足够的耐心就可以完成。创造性学习则要求在无限的可能中找出一个答案来。而且，在寻找答案的过程中可能会对传统知识体系及其权威提出挑战。

舍繁就简

　　在知识经济时代，个人可以获得的信息量越不越多。这为我们进行创造提供了充足的信息积累，但往往也容易使我们陷入信息恐惧中。如果不想被复杂化的狂涛所淹没，那么简化就是第一步。事实上，最复杂的事情往往是由最简单成分所构成的。现代分析学的理论表明，任何看似复杂的图形，其实都是由几个非常简单的几何图形经过若干次的叠加而成的。

　　"最简单的，也就是最有效的"，这一大自然的法则在蜜蜂采蜜时也得以巧妙的运用。蜜蜂采蜜时所采取的行动路线，如果用几何图来表示是最普通的放射状圆。然而在这简单的路线上，蜜蜂不会漏掉任何一个可能的采集点，同时又走了最短路线。相对论作为一种复杂的近现代物理学理论，很多人可能都认为其推断过程必定经过了天书式的演算和实验。事实上，爱因斯坦仅靠单纯的演绎法建立了它，而其表现形式更是人所共知的简单：$E=mc^2$，难道还有比这更富于说服力的吗？

　　因此，当你在处理一件复杂的事情时，首先是不要被其庞杂烦琐的外在表象所吓倒，更不要停滞在复杂外表的圈套中，而应大胆地去简化。在大胆的简化之后，也许一个崭新的世界正在等待着我们。

自由的联想和幻想

在传统的学院式知识传播体系中，自由的联想和幻想很容易与"无稽""不务正业"等贬义甚浓的字词联系起来。然而，这正是传统的学院式的知识传播体系不能适应新时代之处，学院式的教育只是在培养一代又一代传播知识的工具，而不是可以改变世界的真正人才。为什么要做"自由"的联想和幻想呢？这是因为在无限制的情形下，人脑的活力将得到最大的加强，也最容易闪现出新的火花。正如我们在谋求简化时所说的，大自然绝不做多余的事。因此，事物之间各种看似相当复杂的相互关系，其本质的联系其实非常简单。联想和幻想的目的就是去找到这种简单的联系。但普通的联想和幻想很容易被惯常的思维定势所禁锢，而无限的联想和幻想却使得我们能在更大的空间里去找寻答案。

所以，我们需要记住的是，无论你的想象多么荒诞或不可理喻，如果有助于解决问题或者使你产生绝妙的创意，那么你就是采用了正确的做法。

动用全部感官

创造性学习是一种大脑的活动，而大脑与外界信息的直接联系中转站却是各类感官。由于各类感官收集信息的渠道不一，反馈强度相左。因此，它们替大脑收集的信息不但不会相互干扰，反而由于相互间的补充而得到整体的加强。

我们的大脑就是这样处理信息的：它决不作简单的累加，而总是将能引起最多脑细胞活动的各类信息的联结点找到，然后有点类似于核子爆炸的链式反应般引发大脑的活动。很明显，寻找到的联结点越多，大脑的活动越强烈，产生创意的机会也越多。

必须注意的是，联结点是引发链式反应的关键，多种感官的参与只是外在表现而已。没有联结点的多感官收集的信息将不可避免地产生相互干扰，导致大脑接收到信息的质量甚至比单感官收集的还要差。

重点培养某一方面的专门知识

我们不必事事都有研究，但是也可以培养某一方面的专门知识，不仅可以充实自己，也可以增加自己在别人心中的份量。只要我们在某一方面的知识稍多一点，对于自身的发展是大有好处的。

6. 选择明确的培训方向

如今，许许多多的职场中人为增加自身的竞争力，使自己获得进一步提升，积极参加培训。但其中很多人对于该学什么并没有方向，更有人辛苦地学了一段时间，却发现并没有得到相应的提升。

以下是其中的几种类型：

享受公费培训型

杨先生毕业于北京某知名的大学，凭着优秀的能力进入一家大型企业上班。在公司的薪资构成中，杨先生每年有几千元的培训经费。本来，这也算是一件好事情，可是如何处理这笔钱呢？杨先生真是左右为难了。要说多也不多，要说少也不少，只是这笔固定的投资，不能花在别的上面，只能用在培训上。对他来说，这还真是个难题。

像杨先生这样的人，虽然享受公费培训补贴，但对公费培训资金如何调配却没有方向。他们考虑最多的是如何去把握、如何控制的问题。不使用是浪费，使用又不知道用在哪里。

其实，完全没有必要为这样的事情而烦恼，如果你所在的公司能给你这样一笔培训费用，说明公司把你当成了培养对象，这是对你的重视，你也应该感到荣幸，所以一定要合理使用这笔费用。可以选择一些品牌知名度较高、和自己的专业密切相关的长期课程，一方面可以提高自己的业务水平，另一方面还可以拓展自己的社交圈。

盲目参加培训型

林小姐在一家做图书出版的文化公司上班，本科专业是编辑出版，原本是做文字工作的。可是因为公司规模比较小，人手少，缺美编，公司先安排她做平面设计。林小姐虽然是学编辑的，但对设计很不在行。可是公司的事情不能推脱，自己又好强，就答应下来了。为了做好设计工作，林小姐在外面报了学习班，专门学了图形图像处理软件。可是现在，公司规模扩大了，公司就招了一个专门做平面设计的员工，这样，林小姐就被调回了文字加工部。这时她有点后悔了，因为，自己的文字加工水平并没有得到一定程度的提高，而设计又不是自己感兴趣的，而当初自己业余去学的那些软件既花了钱还搭上了时间，想想真是不划算。

这种类型一般出现在那些初入职场、上进好学的人身上，他们盲目参加培训，耗时费财，对自己的职业生涯缺乏明确的规划。

其实，在选择培训的时候，首先要确定培训的方向必须与自己的职业目标相契合，因为培训的最终目的是为未来的职业发展做准备。对于职场中人来说，最需要明确的是参加的培训对未来发展的帮助程度有多少。因此，参加培训必须有一个大的前提，即未来的职业规划是怎样的，这个规划的可实施性究竟有多少。只有这个前提确定了，才能够有针对性地进行相应培训。

通过培训转行型

刘小姐原来学的专业是外贸，毕业后在外贸公司做文员。工作后，她发现外贸专业自己并不喜欢，她希望能做自己喜欢的设计工作，但因为从来没有接受过系统的训练，她觉得必须参加培训，希望学成后，能够找到一份设计方面的工作。但是，刘小姐打听下来发现，原来设计方面分美术动画、平面等多个专业，具体哪个专业的前景好，她自己也不清楚。

这种类型一般出现在那些不喜欢目前工作的人身上，他们希望通过培训改变自己的职业发展道路，却没有明确目标，对具体培训内容犹豫不决。

其实，很多职业发展不顺心的人都想过换个工作，但有的人对向往的行业并不是很了解，只是凭感觉认为像是自己很感兴趣的工作。转行不是一件容易的事情，很多工作真正深入进去才会发现做起来很难。打算通过培训改变职业轨迹必定需要时间，并且会付出更多的艰辛。对于转行培训，关键是要先明确自己是否真正适合在某方面的发展。一个比较重要的意见是，可以先参加业余班的学习，把兴趣慢慢转变为业余爱好，然后再听听行业内专业人士或职业生涯规划师的意见，看看他们是否认为你具有这方面的职业潜力，通过比较，定会发现哪方面的工作更适合自己。

7.学习的方法主要有哪些

在职场上奋斗的人的学习有别于学校学生的学习，他们缺少充裕的时间和心无杂念的专注，以及专职的传授人员。所以积极主动地学习尤为重要。

在工作中学习

工作是任何职业人员的第一课堂，要想在当今竞争激烈的工作环境中胜出，就必须学习从工作中吸取经验、探寻智慧的启发及有助于提升效率的资讯。年轻的彼得·詹宁斯是美国ABC晚间新闻的主播，但在他当了3年主播后，毅然决定辞去人人艳羡的主播职位，决定到新闻第一线去磨炼，干起了记者的工作。他在美国国内报道了许多不同路线的新闻，并且成为美国电视网第一个常驻中东的特派员，后来他搬到伦敦，成为欧洲地区的特派员。经过这些历练后，他又回到ABC主播台的位置。此时，他已由一个初出茅庐的年轻小伙子成长为一名成熟稳重又广受欢迎的主播。

通过在工作中不断学习，你可以避免因无知而滋生出的自满，损及自己的职业生涯。专业能力需要与不断学习的能力相配合。所以，不论是在职业生涯的哪个阶段，学习的脚步都不能稍有停歇，要把工作视为学习的殿堂。

努力争取培训的机会

多数学校都有自己的教师培训计划，培训的投资一般由学校作为人力资源开发的成本开支。而且学校培训的内容与工作

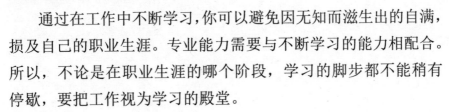

紧密相关，所以争取成为学校的培训对象是十分必要的，为此你要了解学校的培训计划，如周期、人员数量、时间的长短，还要了解学校的培训对象有什么条件，是注重资历还是潜力，是关注现在还是关注将来。如果你觉得自己完全符合条件，就应该主动向领导提出申请，表达渴望学习、积极进取的愿望，努力争取培训的机会。

自己进补抢先机

在学校不能满足自己的培训要求时，也不要闲下来，可以自己接受"再教育"。首选应是与工作密切相关的科目，其他还可以考虑一些热门的项目或自己感兴趣的科目，这类培训更多意义上被当作一种"补品"，在以后的职场中会增加你的"分量"。

知识、技能的折旧越来越快，不通过学习、培训进行更新，适应性自然会越来越差，而事业有所发展的人往往是那些掌握新技能、新知识的人。

未来的职场竞争将不仅是知识与专业技能的竞争，而且是学习能力的竞争，一个人如果善于学习，他的前途会一片光明。

8.如何在学习中提高

一个人的知识储备越多，经验越丰富，生活也就越充实。在激烈的竞争中，没有或缺乏知识，就如同没有了力量或生命。

所以要不断加强学习，用新知识、新观念来充实自己的头脑。不要担心学不到知识，只要你用心去学。

一个人拥有知识并不是最终目的，将所学到的知识迅速转变为一种提高工作效率的能力，不断将之充实到各项创意当中，才是我们追求的终极目标。

由掌握知识到不断发挥自己的才学使其变为本领，这是一个升华的过程。在这个升华的过程中，除要有一个正确的思考方法外，更重要的是我们始终把这一过程当作一个提高自身竞争力的过程。

要学会怎样把知识变为能力，用知识丰富想象，不断推出新的创意，善于灵活运用所掌握的知识去参与竞争，在理想与现实之间架起一座成功的桥梁。

正如比尔·盖茨所说，一个人如果善于学习，他的前途会一片光明，而一个良好的学校团队，要求每一个组织成员都是那种迫切要求进步、努力学习新知识的人。

对呼啸而至的科技大潮你可以惊叹不已；对身边世界日新月异的变化你也可以暂时目瞪口呆；对一些新知识你可以表现出茫然无措，但是，所有这些都不应该让你放弃学习。要知难而进，不断学习新知识、新技能以充实你的头脑，只有这样你才能与时俱进，才不会被时代抛弃。

9.向周围的人学习什么

　　在古希腊的奥林匹斯山下住着两个古老的部落，其中一个部落叫狼部落，因为他们部落里的人像狼一样聪明，彼此之间也像狼一样分工明确、团结互助；另一个部落则叫虎部落，因为这个部落里的人个个像老虎一样勇猛，他们当中的任何一个人都骁勇善战。这两个部落里的人都以狩猎作为生存的手段，奥林匹斯山上的野兽和泉水就是他们生命的源泉。

　　最近，奥林匹斯山上的野兽越来越少了，两个部落的首领都感到了生存的危机就潜伏在他们每一次的狩猎活动当中。狼部落的首领首先召集部落当中的智者来商量日后部落的生存问题，通过大家最后的表决，狼部落决定以后要有目的地种一些能够食用的植物，等到植物成熟的时候他们就吃植物，然后把狩猎回来的野兽贮存起来以备后用。

　　虎部落的首领同样召集了部落中的人前来商量如何应付野兽越来越少的难题。有人提出了搬家，有人提出了到更远的地方狩猎，有人提出了和狼部落进行决斗然后划分各自的狩猎范围，也有人提出了少分配给年老体弱者食物，但是这些建议都被大家以各种原因否决了。最后，首领提出的一个建议受到了大家的一致赞成。首领的建议是，在每个月亮最圆的夜晚增加一次狩猎，并且一定要保证不杀害猎物，然后把这天狩猎回来的动物圈养起来，派那些老弱病残者在部落中照顾这些动物，其他人则仍旧像以前一样认真狩猎。

日子一天一天的过去了，山上的野兽越来越少，两个部落采取的办法虽然都解决了一些问题，但是面对日益严峻的生存形势，他们必须寻找其他办法。否则的话，在不久的将来他们就要面对生存危机了。

正当狼部落的人为此心急如焚的时候，虎部落的一只小山羊跑到了他们部落周围，狼部落中负责守卫的人没有把那只看上去不够一个人吃的小山羊还给对方，而去寻找小山羊的那位老人看到了狼部落里种植的植物。很快，那位老人把这个消息告诉了首领，同时他建议等到奥林匹斯山上的植物种子成熟以后，部落里的妇女和小孩都去采集种子，然后等到天气转暖的时候开始播种。老人的建议马上得到了首领的采纳，第二年春天的时候，虎部落周围的田野里也种满了各种各样的植物。

也就在发现了小山羊之后，狼部落的守卫觉得自己应该把这件事情告诉首领。于是，当虎部落的人忙着采集植物种子的时候，狼部落已经开始修理牲畜圈了。第二年的春天，他们看到了圈里野马生下了一只漂亮的小马驹。

从此以后，两个部落的人再也不用为食物担心了，他们渐渐过上了饱暖富足的生活。

哲学家爱默生说："一个聪明的人能拜一切人做老师。"任何人身上都有值得我们学习的地方，这个人可以是我们的领导，可以是我们的同事，可以是我们的亲朋好友，也可以是我们的竞争对手。学习是人们实现成长的主要途径之一，而向别人学习又是学习的一个重要方面，如果不向周围的人学习，那人们自身的成长就会像缺少某种维他命一样缺少营养。众所周知，一个缺少营养的人总是不如健康人那样有足够的能量抵挡外界的压力。

人们在工作中或许会想到向自己的领导和同事学习，但是很少有人会把学习的对象定为竞争对手。其实对于一个学校来说，同行业中的竞争对手往往更应该成为自己学习的对象，而且往往越是超过我们，越是和我们竞争激烈的对手，就越值得我们学习。

这是因为同行业的竞争对手与我们有共同的客户群、共同的管理方式及共同的成长经历，他们和我们面对的问题也更相似，所以彼此之间就有更多的可以互相借鉴的事情。如果能够放下架子向竞争对手学习，那么一个学校就会少走许多弯路，它的成长过程就会更加顺利。

同样，人与人之间的竞争也十分激烈，如果你很出色，那么你的竞争对手也必定十分出色，对方身上的一些长处也许正是你所缺少的，如果你能够以谦虚的姿态和聪明的智慧多向竞争对手学习，那么你的成长道路就会更加通畅。如果你现在还并不出色，那么你更应当向比你出色的竞争对手学习，学得越多，你以后在竞争中取得成功的可能性就越大。

10. 通过互联网进行学习

相对于其他传统媒介，互联网是传播最广泛、最及时的一种方式，我们所需要的大量信息都能很便捷地从中获取，教师如能很好地利用，就能给自己获得信息提供便利。

互联网本身是一个信息共享、联系外界的工具，只要学校采取适当的办法，进行适当的引导，就能发挥互联网的强大优势。比如，规定合适的开网时间，在开网时间内，教师可以查阅资料、阅读新闻、浏览信息等。对于教师而言，上网可以很容易地获得自己需要的信息；可以方便、快捷进行通信联络；可以在网上结识许多朋友，增长见识、大开眼界；可以在网上获取许多的学习资料等。

在工作之余教师可以多浏览一些比较好的和自己职业相关的网站，在网站上查找所需的资料，还可以把自己经常浏览的一些专业网站存到收藏夹里，然后进行分类，这样使用时也比较方便。此外，在浏览和自己职业相关的网站时，要学会选择那些比较权威、专业的网站。

除了互联网，学校还可以组建局域网。这是一个很好的分享信息的工具和平台。它可以广泛地收集各方面的信息，将学校各个环节有机联系起来，实现资源共享，而教师可以登录局域网，阅读和获取信息。局域网是学校信息化发展的又一个强大的基础，利用得好坏在于学校是否正确引导，所以这也是教师提高自己的一个重要手段。可是有的教师对局域网不够重视，不能合理地利用网络资源。这非常不利于教师专门化、专业化发展和教学能力的提升。

11. 掌握多种学习方法

如果想要提高管理水平和工作技能，增加自我学识，那么参加一些培训是有必要的。但是让自己获得提高的方法除了坐在教室里接受教师"正规"的培训，还有哪些方法可以提高技能、增加知识呢？这里介绍五种简便易行的学习方法。

独立式学习

独立式学习就是让学习者独立完成一项具有挑战性工作。这种方法能够很快达到学习效果，提高学习效率。试想在整个工作中，你必须合理地安排每一个工作步骤：在什么时间达到怎样的目标；决定采取哪种工作方式、哪种技能；当工作中遇到困难的时候，需要自己去想办法，拿出一些具有创造性的解决方案。这对于培养独立思考和创造能力都是有好处的。这种学习方式也有利于促使为独立完成工作而去学习新的技能，迎接更大的挑战。

贴身式学习

贴身式学习是安排你在一段时间内跟随"师傅"一起工作，观察"师傅"是如何工作的，并从中学习一些新技能。在学习的过程中，你如同"师傅"的"影子"，这就要求"师傅"必须有高超的技能传授给那个"影子"，而且"师傅"还需要留出一定的时间来解决工作中存在的问题，并随时回答"影子"提出的各种问题。这种培训方式在需要手工完成任务的领域较为常见，它不仅能够锻炼动手能力，还能提高观察能力，从而增加学识。

开放式学习

开放式学习比较自由，可以自由地选择学习的时间和学习的内容。学习的内容根据工作需要可以是管理课程，也可以是经营方面的知识，或者是你感兴趣的、对你在工作中有用的一些知识。为此，可以到图书馆自修，还可以请学校的业务顾问帮忙。有的学校甚至要求教师在一段时间内阅读一些与工作相关的书籍，然后在学校的培训会上讲演。

度假式学习

有些学校通常会允许或安排某些业务骨干每星期有一天或者半天时间去学习短期培训课程，并希望能够将这些理论知识应用到工作中解决实际问题，这就是所谓的"度假式学习"。通常教师也会利用这个"假期"获得相关的资格证书。

轮换式学习

在某些学校通常有这样的现象：一位教职工前两年在学校的一个部门任职，而接下来的两年，却转入另一个部门任职，这就是我们所谓的"工作轮换"。它适用大多数的学校。一般学校规定一两年内某些管理者的岗位就可以轮换一次。到那时，新的岗位，新的职位，新的教师，新的问题，一切从头开始，这样做有利于培养出全能人才。

12. 培养终身学习的习惯

培养终身学习的习惯是社会的需求，是工作的要求。国际教育发展委员会主席埃德加·富尔说过："我们再也不能刻苦地一劳永逸地获取知识了，而需要终身学习如何去建立一个不断演进的知识体系——学会生存。"

学习是一个终身积累的过程，学到的东西越多，就越觉得自己欠缺很多。追求卓越是一个永无止境的过程，我们穷其一生也不能游到学海的尽头，必须不断地学习，才能持续成长。

学习是人的天生本能，它可以不断进行知识结构的重组——一边是遗弃旧的，一边是吸收新的，并不断创造新的知识。善于不断地学习是优秀教师的根本特征，他们能够有效地利用认知的策略，适当地学习"如何学习"来指导自己的学习，并养成自我学习的能力，建立终身学习的习惯和态度。他们可以系统地结合日常工作和周围发生的事情学习，不断补充新的知识和掌握最新信息，并不断寻求解决问题，进行变革、创新的新途径。

尤其是在知识经济时代，人们要充实和发展自己，实现自身的价值，要活得有质量、有意义，必须得学习。学习已被提高到与生命的意义相联系的高度上了，学习已成为工作中至关重要的因素。优秀教师更是将学习视为其生存和发展的必要，他们的学习是和工作紧密联系在一起的，是创造性的学习，是潜意识的学习，是终身的学习。

终身学习强调的是人一生都要学习，从幼年、少年、青年、中年直至老年，学习将伴随人的整个生活历程并影响人一生的发展，这是不断发展变化的客观世界对人们提出的要求。人类从诞生之日起，学习就成为整个人类及其每一个个体的一项基本活动。不学习，一个人就无法认识和改造自然，无法认识和适应社会；不学习，人类就不可能有今天取得的一切。学习的作用又不仅仅局限于对某些知识和技能的掌握，学习还使人聪慧文明，使人高尚完美，使人全面发展。正是基于这样的认识，人们始终把学习当作一个永恒的主题，反复强调学习的重要意义，不断探索学习的科学方法。同时，人们也越来越认识到，实践无止境，学习也无止境。

《庄子》中说："吾生也有涯，而知也无涯。"当今时代，世界在飞速变化，新情况、新问题层出不穷，知识更新的速度也越来越快。人们要适应不断发展变化的客观世界，就必须把学习从单纯的求知变为生活的方式，活到老，学到老，终身学习。

同时，学习本身也面临深刻的变命。未来学习将更社会化，同时也更加个体化。学习将由人生的学校学习阶段扩展到终身，将由个人的学习而扩展到团体的、组织的学习。

知识经济社会是一个没有终身职业的社会。在一个没有终身职业的社会，如何让社会成员有一份终身职业？这个终身职业就是学习，学会学习，终身学习！

13. 让学习成为一种生存方式

要进行自我培训，除读杂志、看书、浏览网站外，还可以读读报纸、看看电视、和朋友同事聊聊天等，只要自己对生活多留心，你就会发现到处都是学习的机会。

生活处处皆学问，就是要我们平时眼勤、耳勤和嘴勤，也就是多看、多听、多问，最后多想。

现在是知识经济时代，是信息社会和学习型时代。每个职场人要在这样的时代生存、发展，就需要不断学习、思考、创新，这才是唯一的出路，才是智者的选择。

随着学习化社会的到来，学习化生存方式将是每个职场人的唯一选择。时代要求我们不能不学习，生存竞争迫使我们不得不学习。成长发展离开学习就难以实现，追求高质量的人生必须通过学习去实现。

学习型社会强调以人的发展进步来推动整个社会的发展进步，强调个人潜能的发挥可以推动整个社会的创新，这是理性的，符合人性的学习观和价值观。作为一名教师，我们不能做学习的奴隶，而是要全面发展，不仅学习书本知识，更主要的是在生活巾学习。

或许，你在上下班的公车上听到别人谈论的事情就是你身上刚好遇到的问题，别人的聊天内容就相当于给了你答案；或许，你在家里和孩子玩闹时，孩子天真无邪的一两句话就会让你茅塞顿开，困惑好久的难题就会迎刃而解；或许，你在电视中看到的某个广告节目就会激发你的灵感，给你的设计指出了新的思路和方向……

生活是一本耐读的百科全书。走进自然、走进社会、走进生活，在学习中不断地思考，在思考中不断地成长进步，在进步中发展成就自己的事业，也许这些才是你应该做的。热爱生活、放飞思维、体验人生，通过自身努力不断学习、思考，让自己快速成长起来，最大限度地实现自己的人生价值和社会价值，拥有一个高质量的生活和高品位的人生，让自己的人生开出绚丽多彩的花。

伟大的雕塑家罗丹说："世界上并不缺少美，而是缺少发现美的眼睛"。同理，我们可以说，这个世界不是缺少学习的机会，而是缺少发现学习的眼睛。要想在职场中如鱼得水，除了要有别人的相助，更要有自己平时对生活一点一滴的积累。做个有心人，多观察生活，从生活中学习。因为生活是个广阔的大课堂，是进行自我培训的最佳选择。

14. 突破学习的种种障碍

对于优秀教师来说，每个人都知道学习的重要性，但有时学习的效果似乎不能令他们满意，这说明：想学并不等于能学，学习是存有障碍的。

存于个人和组织内部的学习障碍是指存在于个人和组织机体中，使我们难以真正进行有效学习的那些旧知识、旧观念和旧习惯等，这些学习障碍的确存在着，却难以被发现和被承认。很多的学校面临着发展滞后的现实，无不与学习障碍有关。要解决学习障碍问题，我们必须重建一种新的看问题的方式，从习惯看外界、看别人，改变成看自己、看自己的内心；从看局部改变成看全局、系统，从而能看到存在于内的学习困难，寻求到克服它们的可能。

学习中存在的七大障碍如下。

（1）局限思考

曾发生过这样的事情，公司新成立了一个部门，一开始，产品的研发与销售均由一个人主管，过了几个月，随着新产品的上市与业务的增加，公司任命新的业务主管分管产品的销售，从此，两位主管的矛盾开始激化。新的业务主管以为产品存在问题卖不出去，而研发主管则以为销售乏力，开发再好的产品也没用。于是，研发主管以拖延产品开发挤压销售主管，而销售主管则消极应对产品的开发，以此打击研发主管。最后，旧的产品因货款收不回来给部门带来了一定的资金压力，新的产品因滞延上市和问题太多而滞留手里，整个部门被迫解散。试想为什么会出现这样的事情，也许你会想起"职业道德"这四个字，但是，当我们的思维有了障碍后，道德显得多么的微不足道。如果我们不从全局、整体和事物的普遍联系考虑问题，而是片面、局部地、孤立地考虑问题，就必然会陷入困境、走向失败。

我们深受分工理论的影响，长久以来被灌输固守本职的观念，以致将自身与工作混淆，认为自己对于整体只有很小的影响，甚至毫无影响力。我们只专注、局限于自身职务，把自己的责任局限于职务范围之内，对因所有职务互动而产生的结果失去了责任感，有时就算对结果失望，也不能觉察为何如此，与自己的本职有什么关系等。局限思考的山谷阻挡了我们的视野，因袭的负担阻碍了我们的步履，只注重功能切割分工的组织功能导向设计，更是加深了这种学习障碍。

我们再回到上面的例子中，假设这两位主管都是胜任的，如果他们能进行系统思考，走出局限思考的混沌，建立共同的市场观念和期待，以积极的心态相互配合，致力于共同愿景的实现，不仅不会出现部门解散的情况，而且个人的学习力也会随着团队学习力的提升而有更大的提升，个人也会有很大的发展空间。然而，他们局限于小我，而忘掉了自己与组织是一个整体，以致与自己和团队错失了良机。

（2）归罪于外

归罪于外实际上是局限思考的副产品，是以片段的方式来看外在的世界，不发挥主观能动性，不进行自我反思，把事情推向客观。如果我们只专注于自己的职务，便看不见自身行动的影响到底怎样延伸到职务范围以外，当有些行动的影响回过头来伤害到我们自己时，我们还误认为这些新问题是由外部因素引起的，到时我们不仅限于指责组织内的同仁，甚至还会指责组织以外的因素。归罪于外的做法放弃了学习的机会，无益于自身的提高，无益于事情的解决，因为当我们在归罪于外时，已将"系统"切割，永远无法认清那些存在的问题及其解决之道。在前面的例子中，销售部门责怪研发部门无法生产出质优价低的产品，以至于他们卖不出去，而研发部门又责怪销售部门销售能力差，卖不掉产品，也是归罪于外的思维所致。

（3）缺乏整体思考的主动积极性

一般来说，出现危机就应有前兆。主动积极地解决问题是指我们必须尽早有所行动，并在问题扩大成为危机之前加以解决。采取主动积极的行动常能解决问题，但是处理动态复杂性问题时，如若缺乏系统的整体思考，则往往会使问题扩大，出现更大的危机，甚至到了无法挽回的地步。

有一家大型保险公司的理赔业务副总裁准备扩大自有法务人员的阵容，使公司有能力承办更多案子，而不再在庭外和解或向外聘请律师，以减少营业成本。他们请来咨询师共同商讨这一想法可能带来的后果。例如，在法院可能胜诉的案件比例，可能败诉案件的大小，不论是谁赢谁输每个月的直接和间接费用，以及案件的解决可能要费时多久等问题。出人意料的事情发生了，经模拟得出的结果显示，总成本反而增加了。经过进一步探讨才发现，若依大多数索赔初步调查的状况来看，该公司无法打赢足够的案件，来抵消所增加的诉讼成本。于是，这位副总裁取消了这个想法。

我们往往难以抗拒诱惑，常流于一种只有理想、信仰与决心的"一厢情愿"，而不能主动积极地进行细密的整体规划，当"羊"一天天在减少，再回过头来"补牢"，为时已晚。而真正具有前瞻性的积极行动，除正面的想法外，还必须以整体思考的方法深思熟虑，细密量化，模拟分析出立意极佳的构想，以及可能会造成那些我们极其不易觉察的后果，从而趋利避害。

（4）专注于个别事件

我们的日常生活都被"事件化"了，我们的谈话内容由各类"事件"组成。例如，上个月的销售额，新的预算削减，这个月的工资要延期发，谁刚获得晋升或被开除，竞争者刚宣布的新产品，新产品宣布迟延推出等。发达的媒体更是强化了"专注于事件"的倾向，再重要的事件，过不了两天就被新事件所掩盖。专注于事件又导致了"事件解释"的流行，事件解释在某个片段范围内或许是真实的，但是它们分散了我们的注意力，使我们未能以较长远的眼光来看清事件背后变化的形态，并且未能了解产生这些形态的原因。

周围的环境在快速的变化，我们的心智模式必须跟上环境的变化，否则就会显得不合时宜，但心智模式的改善并不是要专注于这些个别的事件，就事论事，被这些不断变化的事件牵着鼻子，而是要积极主动地进行系统的、全面的、动态的思考，而不是机械的、片面的和静止的思考。如果我们仍只专注于个别事件，就事论事，最多只能在事件发生之前加以预测，而仍然无法学会如何创造，创造性地学习仍难以发生和持续。

（5）看不出缓慢、渐进的过程

为什么放进沸水中的青蛙会立刻跳出？而放进温水中的青

蛙最后能被煮熟呢？因为青蛙内部感应生存威胁的器官只能感应出环境中激烈的变化，而对缓慢、渐进的变化束手无策。再想想，交通是突然拥塞的吗？健康是突然变坏的吗？学校是突然破产的吗？都不是，都是缓慢形成的。在现代组织和社会中，生存的主要威胁并不是出自突发的事件，而是缓慢、渐进、无法察觉的过程，甚至是非线性的变化过程。可惜由于我们总是舍本逐末，片断思考，便愈治愈乱，愈管愈糟。我们的头脑习惯于较快的频率，因此很难察觉较慢的频率。要学习看出缓慢、渐进的过程，必须放慢我们认知变化的步调，并特别注意那些细微及不太寻常的变化。有的组织没有危机意识和预警机制，对于缓缓而来的致命威胁察觉不到，当环境变化了就显得措手不及，严重的会出现危机，走向衰落或破产。因此，我们必须学习放慢速度，察觉构成最大威胁的渐进过程，否则无法避免被淘汰的命运。

（6）经验错觉

实践出真知，最强有力的学习出自直接的经验，我们常常在采取某个行动之后，先看看行动的后果，再采取新的行动。试想，如果我们不能观察到自己行动所产生的后果怎么办？如果我们行动的后果要隔一段时间才发生，或是发生在不直接相关的部门，我们如何从经验中学习？从经验中学习是有其时空限制的，任何行动在时空上都有其有效范围，在一定的范围内我们能评估行动是否有效，当我们行动的后果超出了这个时空的范围，就不能直接从经验中学习了。就像刻舟求剑故事中的那个人，当时、空都早已转移，再按舟上自己所刻的标记去找剑，就留下了千古笑柄。因此，好的经验也要因时、因地制宜，当时、空均已改变，而我们的心智模式还没有跟上变化，得以改善，那这种经验就会给我们一种错觉，让我们深陷其中，不能自拔，这对于具有成功情结的人来说更应引起重视。

对于组织来说，能从经验学习当然是最好的，但组织中所作的许多重要决定，对整个系统的影响长达几年或几十年。例如，受研发部门所作决定的影响，首当其冲的是销售与制造。新生产设施与流程的投资对品质与交货可靠性的影响，可能长达十年或更久，选用新人担任领导职位，对于策略与组织气候的塑造，更会有多年的影响。这些都是难以从经验中学习的。

循环的周期如超过一年或两年，我们就难以看出其中反复出现的现象，因而从中学习就比较困难。对于这些决策，如果硬要套用经验，那么就可能会起到相反的效果。传统功能分割的组织结构设计更加剧了从经验中学习的困难。

（7）管理团队的迷思

"管理团队"通常是指由不同部门的一群有智慧、经验和专业能力的管理者所组成的团队。这里的"迷思"指的是组织的领导层中出现的"貌合神离""一言堂""反应迟钝"及在等级权力控制下"谁大听谁的"等现象。管理团队中有一批人在一起，从理论上讲，应该能将组织跨功能的复杂问题理出头绪，但为什么会出现"迷思"呢？

管理团队中的成员往往把时间花在争权夺利上，或避免任何使自己失去颜面的事发生，同时佯装每个人都在为团队的共同目标而努力，维持一个组织表面的团结和谐。为了符合这样的团队形象，他们设法压制不同的意见，保守的人甚至避免公然谈及这些歧见，而共同的决定也是众人的妥协——反映每一个人勉强能接受的或是某一个人强加于群体的决定，如有不一致，通常是以责备、两极化的意见呈现出来，而无法让每个人找出隐藏的假设与经验背后的差异，从而使整个团队失去学习的能力。

爱因斯坦有言："我们面临的重大问题，没有办法靠制造这些问题的思考方式来解决，我们必须换脑筋。"系统思考将协助我们看见学习障碍的全貌，而改变的关键却在于心智模式的转变。

15. 避免掉进"充电"的陷阱

在今天的职场上，时时"充电"，日日进步，才能让自己保持竞争力。只是，对每个职场人来说，每个人的发展目标不同，每个人都处在不同的职业生涯发展阶段，如何"充电"还得细细思量，否则一不小心，就会掉进"充电"的误区，好事反而成了坏事。

一般来说，职场人的"充电"大致分为两类。一种是提高个人效能的，如时间管理、沟通技巧、团队合作能力的培训等，这类培训是长期的、持续的，也是通用的，在职业生涯的各个阶段都需要。这类培训常常是由学校为教师统一安排。另外一种则是专业方面的培训，如学习新的管理方法、技术等，这类培训常常是个人为提高自己的专业水准或业务能力而进行的，因而一般也是由个人自己制定方案。前一种培训可以说是锦上添花，而后一类的培训，常常与所从事的行业、职业有更加密切的关系，如果把握不好方向，就可能陷入误区，反而不利于个人发展。